種籽文化

種籽文化

做人不要「過度」，詩人才會有「溫度」

做人做事，格局大了，贏得的是整個人生。

馮子雲 著

洛克菲勒說：「走上坡的時候要對別人好一點，因為你走下坡的時候會碰到他們。」

在人生的過程中，不管是做人還是做事都要有個「度」，

正所謂「過猶不及」，任何事都不要做的「過度」，而為自己帶來不必要的麻煩。

適當的為別人留下「溫度」，才會讓雙方都有喘息的機會，

否則，就會把雙方逼到牆角，而沒有迴旋的空間。

目錄

第2章 留點「糊塗空間」給自己，才能全身而退 51

第3章 做人不要「過度」，待人才會有「溫度」 83

第4章 給自己的聰明留點「愚蠢」的空間 119

CONTENTS

第7章 吃飯不要吃的太飽，做事不要做的太滿 217

第8章 做人糊塗一點，人際關係就會好一點 251

《作者序》

我們常常覺得自己活得沒有空間，其實是因為我們對待別人不留餘地，當我們全心全意只想前進、掠奪、佔領，不只榨盡自己的經歷、時間，也讓自己失去了休息的空間，這都是因為我們忘了為自己，也為別人留一點餘地。

我們每天都覺得壓力大得喘不過氣來，覺得自己身處險境，寸步難行，但是我們都沒有想過，**其實，把我們逼到絕境的不是別人，而是自己。**

如果我們懂得「把自己逼到絕境的是自己」的道理，我們才會放棄「贏家全拿」的想法，進而幫別人留幾分餘地，讓別人有喘息的空間，讓自己更輕鬆，更能真正的擁有自己、把握自己。

當然，做人懂得留幾分餘地，做事懂得掌握分寸，不把事情做「過度」，確實不是一件容易的事，因為，任何一件事情在做之前，沒有「標準答案」，都是憑著自己面對事情的臨場反應，以及承受能力來把握的。

一個人謹慎過了頭，就顯得膽小；處事果斷過了頭，就變得輕率；認真過了頭，就顯得呆板；聰明過了頭，就顯得油滑。對人做事要做到不偏不倚，恰如其分，要在實踐中多多磨練，而這一切都需要一段不短的時間來摸索、學習和體驗。

在科學史上有一個關於把握分寸的「黃金分割」定律，德國科學家克卜勒把它稱之為「神聖的分割」，因為這是最具美學價值的比例。

世間完美的事物都擁有其自身的分割率，我們的生活也是同樣的道理。對於生活之中的「黃金分割」，具體表現出來的就是在做事的時候要做到恰如其分，然而，要想做到這一點，並不是一件容易的事情，這需要我們自己所擁有的智慧。

相信大家對美國前ＮＢＡ球星麥可．喬丹應該不會陌生，喬丹在小時候就長得人高馬大，身強體壯，他的母親擔心他在學校霸凌別人，便要求他與人為善，學會忍耐，而這卻使他成為其他同學欺負的對象，因此，他為此事感到十分苦惱。

最後，喬丹的父親教他一個方法，讓他不必再勉強忍耐，而是叫欺負他的同學立刻停止，當對方仍然不聽他的勸阻時，他就可以用他有力的雙手將對方壓制在地上，但並不毆打對方。如此一來，他不僅維護了自己的自尊，還給對方警告，同時又不觸犯紀律，可說是一舉三得的好辦法。

其實，這是把握好分寸而達到完美效果的一種方式，因為從此之後，再也沒有人懷疑喬丹的力量，更不會在他的忍讓下，壓榨他的溫和，從而肆意地欺負他，父親教導的方式，讓喬丹有效地處理了之前被同學欺負的問題。

對於人與人來說，重要的不是忍讓，不是爭鬥，而是在維護雙方利益的前提之下，如何找到一個雙方都可以接受的「人際空間」來和平相處，就像前述故事的喬丹把欺負自己的人「壓倒在地」，也正是喬丹父親幫助他尋找到的那個「人際空間」的「黃金分割點」。

換言之，一些人的成功往往是因為「黃金分割點」掌握得當，而失敗也因為「黃金分割點」的偏移。在尋找「黃金分割點」的過程當中，我們有時候需要像喬丹一樣，借助於父母的幫助，有時候需要求助於朋友，有時候也需要從書本當中去學習通達的智慧──就如同這本書。

作者在書中分享了許多動人的故事和淺顯易懂的語句來告訴讀者，當我們努力越走越遠的時候，通常忘了注意一下自己是不是也把路越走越窄。

有位哲人曾經說過：「**適時地給人生一個逗點，你的生命才不會突然出現句**

點。」的確，在這個「不進則退」的十倍速時代，我們往往深怕只要浪費了一分鐘，自己的明天就無法變的比別人更好，因此，才會無時無刻低著頭猛滑手機，狼吞虎嚥著手機傳來的即時「垃圾訊息」……

然而，我們每天讓自己的心靈在刻意忙碌中疲於奔命，卻都不知道這麼疲於奔命地忙碌追逐，到底是為了什麼？

我們都知道生命只有一次，一旦過去了，便再也回不來，所以當我們那麼拚命填充生命空白的同時，是否曾經想過應該給自己生命留點空白，讓自己有一點喘息的空間，不要再讓自己每天活得那麼累呢？

第1章

逢人只說三分話，才能保有七分圓話空間

俗話說得好：「逢人只說三分話，不可全拋一片心。」
這也是自我保護的一種好辦法。
其實，每一個人都有許多秘密，
或許，我們一時衝動去找人傾訴一番。
然而，這樣做的結果，
很有可能會把自己的秘密洩露出去，
而自取其辱，自找倒楣。

1、適度的忍讓，才能讓自己海闊天空

◎一個人的涵養來自於他的修養，有修養之人都懂得如何控制情緒。
◎所謂的忍，是一種等待，也就是為圖大業等待時機成熟的智慧。
◎小不忍則亂大謀，這些都是現實生活中，血與火凝結而成的至理。

生活中，每個人都有許多不如意的事情需要去忍。當你面對不同環境，不同對手，有時採用什麼樣的手段已不是關鍵，而怎樣保持良好情緒才是至關重要的。

也許每一個人都有自己的情緒，而情緒是一種讓人捉摸不到的東西，只要你能充分認識到「小不忍則亂大謀」，你就會控制好自己的情緒。

生活中，有許多人都可以把情緒收放自如，這個時候，情緒已不僅是一種感情上的表達，而且成了人性攻防中使用的「武器」。有時候，掌控不住情緒，不管三七二十一發洩一通，結果搞得場面十分難堪。

隋朝時，隋煬帝是個暴君，各地農民起義風起雲湧，隋朝的許多官員也紛紛倒戈，轉向幫助農民起義軍，因此，隋煬帝的疑心很重，對朝中大臣，尤其是外藩重臣，更是易起疑心。

唐國公李淵曾多次擔任中央和地方官，所到之處，悉心結納當地的英雄豪傑，多方樹立恩德，因而聲望很高，許多人都來歸附，但是，大家卻也因此都替李淵擔心，怕他遭到隋煬帝的猜忌。

正在這時，隋煬帝下詔讓李淵到他的行宮去晉見。李淵因病未能前往，隋煬帝很不高興，多少產生了猜疑之心。當時，李淵的外甥女王氏是隋煬帝的妃子，隋煬帝向她問起李淵未來朝見的原因，王氏回答說是因為病了，隋煬帝又問道：「會死嗎？」

王氏把這消息傳給了李淵，李淵更加謹慎起來，他知道遲早會為隋煬帝所不容，但過早起事又力量不足，只好隱忍等待。於是，他故意敗壞自己的名聲，整天沉淪於聲色犬馬之中，而且大肆張揚。隋煬帝聽到這些，果然放鬆了對他的警惕。這樣，才有後來的太原起兵和大唐帝國的建立。

克制，乃為人的一大智慧，它有助於人們在攀登理想境界的征途中，消除情感世界不可避免的潛在危機。因而，對於一個成功的開拓者來說，它既是實現既定目標的保證，又是取得更大成功的起點。

假如李淵當初聽了隋煬帝的話，怒火中燒，馬上與之理論或採取兵變，很可能會因為準備不足，時機不成熟而失敗，一旦失敗，則永無機會從頭再來了。

成熟的人應有的待人處事「溫度」

適度的忍讓，是文明人的禮讓，是虛心者的謙讓，是識時務者的急流勇退。

有一對人人羨慕的恩愛夫妻，一起走過了五十個春秋，彼此感情依舊。五十年的時光，竟不能讓他們的愛情有一絲的褪色。

有人問：五十年的相隨歲月，如何走過來？她答一個字：「忍」。問他，他答一個字：「讓」。

這樣的不可思議，如此忍讓度過一生，人生還有什麼樂趣？生命還有什麼意義呢？再說，忍字頭上一把刀，難呀！

她慢慢地說，一點都不難嘛，凡事多為他想想，不就沒怨氣了嗎？問他如何讓，他說，很簡單呀，她喜歡的事，就讓她去做，總得給她一片自己的天空。

我們每天都在生活，每天都和各種人打交道，適度的忍讓對我們保持愉快心情大有好處。

大文豪蘇軾曾指出：「君子所取者遠，則必有所待；所就者大，則必有所忍。」他又說：「高祖之所以勝，項籍之所以敗者，在能忍與不能忍之間而已矣。」

朱袞也曾說過：「君子忍人所不能忍，容人所不能容，處人所不能處。」

「用爭鬥的方法，你絕不會得到滿意的結果。但用讓步的方法，收穫會比預期的高出許多。」不要忘了這句古話。

善於忍讓，有助於愛情的美好；善於忍讓，有助於事業的成功；善於忍讓，更有助於社會的進步。當我們讓出一點空間，不只是給了其他人生存的餘地，也給了我們鍛鍊自己的機會。

遇事忍讓別人，就是一件好事嗎？

一、其實，忍讓是有區別的；適度的忍讓才是「善讓」；無限度，無原則的忍讓，就是「惡讓」。

二、「善讓」，可以以柔克剛，避免因惡爭而發生錯誤，「惡讓」是無用者的別名，是對惡爭者的放縱，我們應該清楚分別兩者，避免自己做出「惡讓」的行為。

2、逢人只說三分話，才能保有七分圓話空間

◎話到嘴邊留三分，才能讓自己保有「說錯話」的空間。

◎小心謹言，這是對自己的安全和品行的一種自我保護。

◎我們對任何問題都不宜憑主觀猜測的亂說，更不可因片面的觀察，就在背後評論別人，除非這是一個讚美。

俗話說：「病從口入，禍從口出；言多語失，食多傷身；是非只為多開口，煩惱皆因強出頭。」說話之難，古今皆然。因此，我們要始終記住：「為人只說三分話，未可全拋一片心。」

人活在世上，最多的行為大概就是說話了，人活一輩子總共要說多少話，沒有誰統計過，大概也很難統計出來。

然而，話的種類雖多，屬於褒義的卻並不多，這也從一個方面說明了雖然人整

天都在說話，但真正有用的話卻不是很多，無用的和有害的話倒是不少。

說了一些傷害別人的話，有人常以「有口無心」求別人原諒。「有口無心」固然可以原諒，但是「傷人」難免會令人不快樂，甚至會影響到與他人的關係，夫妻之間、戀人之間更要注意。

中國曾有：「君子不失足於人，不失色於人，不失口於人」的古訓。出言不遜，舌頭也能殺死人。不管戀人還是夫妻，在心情欠佳時，特別要注意話到嘴邊留三分，所謂三思而後說，絕不能圖一時解氣，不顧前思後的隨口就說，以免過後又後悔莫及。

成熟的人應有的待人處事「溫度」

在交際的過程中，不要主動告訴對方「你是做哪一行的」，而是要留給別人一點猜疑的空間，如此我們才可以不一下子被看破，才能顯示出我們的風範。

前法國總統戴高樂曾經說過一句話：「真正的領袖人物要幽居，偉大和超脫要神秘，有時則要沈默寡言。」

無獨有偶，在戴高樂之前也就是幾百年之前，我國明朝呂坤在《呻吟語》中曾經總結聖人的處世經驗說過這樣一句話：「獨處看不破，忽處看不破，勞倦時看不破，急遽倉猝時看不破，驚擾驟感時看不破，重大獨當時看不破，吾必以為聖人。」

在這裡所說的「聖人」，是一個有懸念的人而已。我們也許做不了聖人，然而，我們卻可以做「部分的聖人」，也就是做一個盡量讓別人有懸念的人。為此，首先我們必須懂得在必要時學會「免開尊口」。

這個世界上每個人都有弱點和缺點，然而這些弱點和缺點，一旦從別人的嘴裏說出來的時候，就很快成了短處和隱私，這也是人際交往中的一大忌。

所以，把一個人說得天花亂墜，假如對方恰巧不認可這個人，聽了以後不是以為我們別有用心，就是認為我們幼稚無知。而把一個人說得一無是處，而對方偏偏就是那個人的朋友，那麼就會惹下一堆麻煩的，最終會被人認為是道德問題。

在社會上，有些人唯恐天下不亂，每一天都在興風作浪，把別人的短處和隱私，把人際間的是是非非編排得有聲有色，誇大其詞地逢人就說，不知由此種下了多少怨恨的種子。假如遇到這樣的人，說某某人的短處時，我們唯一的辦法是聽了就算，像別人告訴我們的秘密一樣，三緘其口，不可做傳聲筒，並且不要深信這片面之詞，更不必記在心上。

如果貿然把聽到的片面之言宣揚出去，十有八九被認為是顛倒是非，混淆黑白。說出的話就像潑出去的水，再也收不回來的。當我們明白自己說錯時，難道我們還能把話從別人的耳朵裏掏出來嗎？

俗話說得好：「逢人只說三分話，不可全抛一片心。」這也是自我保護的一種好的辦法。其實，每一個人都有許多的秘密，或許，我們一時衝動去找人傾訴一番。

然而，這樣做的結果，很有可能會把自己的秘密洩露出去，而自取其辱，自找倒楣。世界是複雜的，我們「抛出一片心」說不定正好踩進了別人事先佈置好的「陷阱」。

為何有人說「飯可以亂吃，話不能亂講」呢？

一、世界上到處都充滿了鬥爭與矛盾，社會上處處都有小人，而且易退易漲山溪水，易反易覆小人心，我們無法防範身邊不出現小人。

二、在這個充斥著小人的世界充滿了陷阱，君子又鬥不過小人，說話稍有不慎，便有被套進去任人宰割的危險，所以，話要更謹慎的說，才能不讓自己惹來不必要的麻煩。

3、不要把話說「過度」，才不會斷了自己的後路

◎每個人都要學會逢人只說三分話，千萬不要把話說「過度」了。
◎說話必須看清對方是怎樣的人，如果對方不是能盡信的人，說三分真話已經夠多。

我們也許為了一時之快，對並不相知的人暢所欲言，那麼結果會是如何呢？如果雙方關係淺薄，甚至只有一面之交，我們就把自己的秘密都說出來，會顯出我們缺乏「心機」。而且，對方會認為我們不配與他深談，覺得我們冒昧，也就是說我們對他肝膽相見，對方也許還會感到不耐煩呢！

所以，對人不必全拋一片心。「成熟的人」往往只會說三分話，但是，你一定會認為這些「成熟的人」很狡猾，很不誠實。

然而，孔子曾經提醒我們：「不得其人而言，謂之失言。」意思是說，事無不

可對人言，也就是指你所做的事，並不是非要盡情地向別人宣布。

成熟的人是不是可以對人言是另一問題，他的只說三分話是不必說、不該說的，更不是不誠實，更不是狡猾。其實，說三分話是一種修養，我們說話必須看對方是什麼人，如果對方不是可以盡信的人，我們說三分話，已經很多了。

一生當中，總有一些話是本不想說而又違心說的，總有一些話是十分想說卻又終於沒說出的。俗話說：「世事洞明皆學問，人情練達即文章。」我們自古就講究「度」，這個「度」就是恰到好處。尤其是說話，說話要把握好這個「度」，就可以把話說得恰到好處。

成熟的人應有的待人處事「溫度」

對於每一個人來說，能淋漓盡致的說出自己想說的話是一種技巧；把想說的話扼死在心底，去說一些言不由衷的話是一種莫大痛苦，但也是一種求生的技巧。

要想把話說的恰到好處，卡內基強調最重要的一點是把握住說話的時機。孔子在《論語・季氏篇》裏說：「言未及之而言謂之躁，言及之而不言謂之隱，不見顏色而言謂之瞽。」

不該說時說叫急躁，該說時卻不說叫隱瞞，不看對方臉色變化便貿然開口，叫做閉著眼睛瞎說，這三種毛病都是沒有把握住說話的時機。

人處在社會上，無論處於何種地位、何種情況下，都需要聽真誠的話，因此，與人交往，要熱情周到，說話既不要冷言冷語，也不要虛偽誇張。有道是做人莫張狂，做事莫張揚，想表功時少說一句，想顯示時少說一句。不少時候是「天不言自高，地不言自厚」，切記言多語失，凡事多說，「說破」就沒意思。

生活中有好些事即使看破，不到時候也不必點破，這叫看破不說破，也就是不要隨意譏諷別人，以及貶低別人，這樣才可以繼續做朋友。

因為貶低別人，並不會抬高自己。做人處事，用言要慎，說話不當，輕者得罪人，重者招來是非，一句得體的好話，能讓人追隨前後，無怨無悔。

有句話說：「話要說到冷暖之處、喜痛之處、要害之處。」

有時話不在多，而重要的一點就是在於說好。對人要有關懷備至，真正的關懷根本不需要很多，一個無言的動作，一個心領神會的表情，一句刻骨銘心的話就能使人感動。

對於窘迫的人，說一句解圍的話；對頹喪的人，說一句鼓勵的話；對於迷途的人，說一句提醒的話；對於自卑的人，說一句振作的話；對痛苦的人，說一句安慰的話；對受了挫折的人，講一句重新堅強起來的話；對頭腦發熱的人，講一句降溫的話；對高傲的人，講一句「滿招損」，「謙受益」的話；對私慾之心重，容易受誘惑的人，講一句潔身自好的話；對容貌長相一般的人，講一句良好的個性和氣質，遠比漂亮的外表更可貴的話。這些「好話」對需要幫助者而言，如同旱天的雨、雪中的炭，將會使人一生難忘。所以，說話給人留點餘地，對人多說點好聽話、少講些難聽話，不只給自己帶來好心情，還可能救人於水火之中。

怎樣說話才不失「分寸」？

一、說話時要認清自己的身分，也就是如果用對小孩子說話的語氣，對老人或長輩說話就不合適了，這是不禮貌的，是有失「分寸」的。

二、說話要盡量的客觀，這裡說的「客觀」，就是要尊重一些事實，事實是如何就如何，應該實事求是的反映客觀實際。

4、學會說「不」之前，先學會給別人留一條路

◎喜劇大師卓別林曾經說過一句話：學會說「不」吧！你的生活將會更加的美好。
◎拒絕別人之前要有替代方案，因為被拒絕是一件令人非常難堪的事情。

在日常生活或工作中，要想拒絕別人，做起來其實並不難。

學會說「不」的實質精神就是學會以直率、坦誠和恰當的方式，自在地表達你當時否定的、不願意的感受。

但是記住，說「不」的同時要給對方留有餘地，只有讓對方坦然接受，才算是達到真正的效果。

例如：一位老朋友向你借錢買東西，但是他經常借而不還。

你可以說：「我身上沒帶多餘的錢，不能借給你。」

或者說：「對不起，我今天帶的錢剛好有急用。」

又比如：你的一位好友熱情地向你遞支煙，要你非抽不可，此時你就可以這樣說道：「謝謝你，但是醫生說我最近氣管不好，不能抽煙。」

如果你學會在拒絕別人的同時，也留一個台階給被你拒絕的人，那麼你就掌握了生活的主動權，而且也就學會了怎樣更加輕鬆自在的去生活。

成熟的人應有的待人處事「溫度」

人與人之間，如果可以做到凡事多為他人著想，多給別人留一些餘地、一些包容、一些方便、少一份拒絕、少一點難堪，必定能贏得別人的愛護。

既不擔心與人接近，又不害怕與人爭辯，你的行為完全超乎自然，有多少能耐就表現多少能耐。這種自我維護的改變，能夠讓他人可以意識到你拒絕的權利，並且真正理解到你的「拒絕」，並且更加的尊重你。

有一個讀過《圍城》的美國女士到中國來，打電話給該書的作者錢鍾書先生，說自己非常想拜見他。錢鍾書先生一向淡泊名利，不愛慕虛榮，於是他就在電話中婉拒說：「假如妳吃了一個雞蛋覺得不錯的話，又何必一定要見到那個下蛋的母雞呢！」

在此，錢先生以其特有的幽默和機智，運用新穎、別緻而又生動、形象的比喻，拒絕了那位美國女士的請求，既維護了那位女士的自尊，同時又避免了一些不必要的麻煩。

在一些言語交際的過程當中，善於拒絕者，既可以使自己掌握主動，進退自如，同時又可以給對方留足「面子」，搭好台階，進而使交際雙方都能免受尷尬之苦。

在一次記者招待會上，美國的一位記者問季辛吉：「我們有多少潛艇配置分導式多彈頭？」這是一個很難回答的問題，季辛吉如果說「不知道」，便等於撒謊，如果說「無可奉告」之類的外交辭令，又會落入俗套，還有可能激起記者們更尖銳、棘手的追問，如果實話實說，則必然洩露國家機密。

面對這樣的難題，季辛吉卻顯得非常從容，他說：「我們有多少潛艇配置分導式多彈頭，我知道，但是，我不知道這是不是保密的？」

記者們一聽高興極了，立刻嚷嚷說：「不是保密的，不是保密的！」

季辛吉笑著反問說：「不是保密的嗎？那你告訴我是多少？」

季辛吉透過這一反問，立刻就變被動為主動了，並且非常巧妙而又很得體地封住了記者的嘴。

拒絕對方，當然會引起對方的一些不快樂。然而，對於別人向我們所提出的一些要求，有時我們還要加以拒絕。那麼，要怎樣才能盡量地把這種因拒絕而可能引起的不快，控制在最低限度之內呢？

這就需要我們在拒絕別人的時候，巧妙地說一些話，因為，這樣一來，既可以為自己開脫，同時也不會讓別人處於難堪之地。

說話時要學會給對方留下餘地，把「拒絕」當做是一個選項，但不要輕易的拒絕別人，也就是如果懂得在自己能力範圍之內，盡量滿足別人的要求，自己會獲益更多！

每個人都會遇到困難，為什麼我們要拒絕幫忙呢？

一、俗話說：「助人為快樂之本。」然而，當別人前來要求協助的時候，自己也難免會遇到力不從心的時候，因此，要大膽的說出一個「不」字，是相當重要的。

二、想做一個有求必應的「好好先生」，或者「好好小姐」是很難的事，如果你輕易承諾無法履行的職責，就會帶給自己更大的困擾，以及溝通方面上的困難度。

5、說話要留有餘地，才會有挽回的空間

◎局面是瞬息萬變的，不把這種情況預計在自己的說話與行動裏頭，很多時候，會令自己尷尬，也會令對手為難，不可不防。

◎能夠學習在言語行動上處處多留餘地，以及留一些可以變通的空間，是現代商場和職場最需要具備的條件之一。

說話是一門藝術。俗話說：「會說話的令人笑，不會說話的令人跳。」如果說話不講究藝術，有時會帶來不良或嚴重後果。因此，說話時學會給自己留有餘地，這樣才能進退自如。

每個人從小就明白這樣一個道理，射箭用的弓如果拉得太滿，就容易折斷；水缸裏的水注入得太滿就會往外溢。把這個道理用在說話上，就是一個人謙虛謹慎，留有餘地則會避免很多尷尬。這也就是古人所說的「滿招損，謙受益」。

一個人在很多場合，尤其是在職場上，如果總是把話說得太滿，一旦出現意外情況，而沒有達到預期目的，就很可能會給人留下好浮誇、做事不牢靠的壞印象。其結果是，老闆不敢重用，同事不敢信任的糟糕結局，而且還會給自己造成很大的精神壓力，為自己的人際關係設置重重障礙。

對此，有一家企業的老闆曾說過一段發人深省的話：「我不怕他懂得少些，就怕他不懂裝懂地說自己是萬事通；也不怕他的能力有限，就怕什麼事都保證沒問題，結果到處是問題。這樣的人註定會耽誤大事的，對於這種人，職場的大門恐怕永遠也不會向他打開的。」

因此，無論面對什麼樣的情況，都不要把話說得太滿，要始終記住：「滿招損，謙受益。」

別把話講到盡頭，到了完全沒有迴旋的地步，這是下屬與上司交手的大忌。

把話說盡了，等於不給自己留有餘地，不但自撤下台階梯，萬一預測或建議錯誤，就白白地把自己留在半空中，不上不下，不知如何是好，這還在其次，最不好的是給老闆留下一個壞印象。

凡是話說得太滿的人，一定表現出極端性格。

凡是極端的人，等於基本上不願妥協，損失掉靈活變通的機會。即使不在與上司相處上會有問題，上司也會連帶地想到，這麼一個員工與別的同事、客戶交手，會不會有很多負面效應產生。

成熟的人應有的待人處事「溫度」

要知道，任何事情總是處於發展的過程，誰也不敢保證絕對不變。把話說「過度」，這樣很容易讓自己陷入被動的窘境。

曾聽過某員工對老闆說：「這個牌子的商品絕對不會在我們的商店內暢銷。否則，我就辭職不幹！」結果他所說的那個牌子的商品，賣得炙手可熱，這豈不為難了自己，也被老闆看破了自己的手腳。

現實生活中，很多人都是因為把話說「過度」，而使自己陷入進退兩難的地步。

有一個這樣的故事：一個年輕人信心滿滿地去拜訪大發明家愛迪生。

「我一定會發明出一種萬能溶液，它可以溶解一切物質。」年輕人自信地說。

「那麼，你想用什麼器皿來盛放這種萬能溶液呢？」愛迪生問道：「它不是可以溶解一切嗎？」

這個年輕人正是把話說「過度」了，才讓自己陷入自相矛盾的尷尬處境。如果他把「一切」換成「大部分」，愛迪生肯定不會去反駁他了。

說話要留有餘地，就要慎重選擇一些限制性的詞語。開口「絕對」，閉口「當然」，很容易把交談者嚇退；把「部分」說成「一切」，把「可能」說成「肯定」，這很容易招致別人的反感。

比如人家問你：「烏鴉是什麼顏色的啊？」你千萬別望文生義，或者憑藉見過幾隻黑烏鴉的有限經驗，而武斷地回答：「烏鴉嘛，絕對是黑色的！」給自己留條後路的答法是「天下烏鴉一般黑！」如此，保證讓你立於不敗之地。

而上述這些，都是說話要留有餘地，不能把話說死，才能進退自如的道理。

如果不可講「深話」，那該講什麼話題才好？

一、要使談話得以繼續，並且產生較好的效果，可適度地選用一些幽默風趣的語言，或適時地講一些笑話。

二、幽默的語言，既有趣可笑，又寓意深長，如能在談話中適當加以運用，不僅能夠活躍氣氛，而且能夠啟人心智，吸引聽眾，更能夠與他人溝通和交流。

6、話不要說過頭，才有空間能回頭

◎說話一定要小心謹慎，這樣才不會讓人認為輕薄，甚至招怨。
◎在說話時也要和做事時同樣要留有餘地，不能把話說得太滿，以免下不了台。
◎把話說得太滿，就像把杯子倒滿水一樣，再也倒不進一滴水，否則就會溢出來。

古人曾經說過：「寧吃過頭飯，莫說過頭話。」可見說話要說得恰當，說得合時，說得合宜。所以，處世切忌亂開口，說出口的話要合乎於情理。

宋代朱熹有這樣一句話：「話要說得合適，那麼要怎麼樣才算說得合適，不說過頭呢？」以下四點就是在面對各種類型的人，如何把話說得合適的訣竅：

一、面對受窘的人說上一句解危的話語；幫助別人當然不是只有在金錢、勞力、時間上的付出，「說話」也能幫助別人。例如，有一些人面對尷尬、不知該怎樣下台的窘境時，你及時說出一句，可以幫他解危。

二、面對沮喪的人說上一句鼓勵的話語；西方有一句諺語說得好：「言語所賦予我們的功用，就是在我們之間作悅耳之詞。」什麼是悅耳之詞，就是說好話。說好話讓人如沐春風，讓人產生信心，遇到受挫心情沮喪的人，我們能給他一些鼓勵，給他一些信心的話語，當然這也正是以話語給他人力量的助力。

三、面對疑惑的人說上一句點醒的話；孫子說過一句話：「贈人以言，重於珠玉。」遇到徘徊在人生路口上的人，遇到生活關卡左右為難的人，更甚者遇到對生命產生疑惑的人，一定要及時的給予一句有用的話來進行提醒，而這句提醒的話語，有的時候能影響到他的一生，甚至可以幫他撿回一條生命。

四、面對無助的人說上一句支持的話語；無助的人，對自我信心不足；無助的人，需要他人給予肯定，這樣才會有力量。那麼像這種人，經常生活在別人的善惡語言之中，一句言語，可以決定他的心情是否好壞。面對一些無助之人，我們應當多多給予支持的語言，讓他對自己產生自信心，肯定自我的能力。

《說苑》：「君子之言寡而實，小人之言多而虛。」話語並不在多，重點在於貼切與恰當，這正如孟子說過的一句話：「如果說話非常的淺近，但是用意深遠，那麼這就是說一句好話。」

成熟的人應有的待人處事「溫度」

平常在社會活動當中，正常人也會有時來這麼一兩下的口舌之快，但此「快」字必也是一閃而過，接下來的便是「不快」了，所以更應該謹慎。

人與人之間發生一些小誤會或者小磨擦是在所難免的，胸懷寬廣的人大致會過而即忘，但並非人人都有這般的胸懷。

在人際交往當中，常常可以看到一些爭吵源於某一件雞毛蒜皮的事，但由於一方逞一時口舌之快，說了帶情緒的話，傷害了對方的自尊心，而另一方也不願意做省油的燈，受羞辱後也勃然大怒，反唇相譏，把口水仗打得如火如荼，甚至大打出手，小事變成了大事，釀成禍端。

愛逞一時口舌之快者，大多數是心浮氣躁又習慣指責他人的人。在他們的心靈世界裏根本就沒有「忍」字。只要不順心，見事罵事，見人罵人，為的是排遣胸中的憂煩，僅此而已。然而，他們根本沒有想到的是：「自己焦躁的情緒得到了發洩，被罵者的心裏感受又是怎樣呢？」

舉個淺顯的例子：當你在超市排隊付款時，隊伍前進的速度非常緩慢，前面有一個老太太「霸」在收銀台前，用了很長時間數著店員找給她的零錢，你一邊心疼浪費掉的時間，一邊強耐著性子等了好久，最後終於按捺不住的罵了一聲。就這麼一句衝動的話剛一出口，你立刻就會感到後悔，這就是所謂的「逞一時口舌之快」。

因把話講得太快，而給自己造成窘迫的例子到處可見。

因此，我們在說話時，千萬不可把話說得太快，要學會給自己留有餘地，才會進退自如。

如果管不住自己「快言快語」的毛病該怎麼辦？

一、在現代生活中，有許多的事情我們都無法預料到它的發展態勢，為此，千萬不可以輕易地下斷言，如果不留餘地，那麼就會使自己連一點迴旋的空間都沒有。

二、你知道自己有「逞一時口舌之快」的毛病，而且在很短的時間內是非常難克服的，那麼你就應常備相應的補救措施，比如說：「累積好人緣，來給自己的衝動存點空間。」

7、平時「勤燒香」，才能有「臨時抱佛腳」的餘地

◎ 只有早做準備，未雨綢繆，這樣才會在急時得到意想不到的幫助。

◎ 人是有感情的動物，人人都難逃脫一個「情」字。在人際交往中，多注意對周圍的朋友同事做點「感情投資」是值得的。

俗話說得好：「平時多燒香，急時有人幫」、「晴天留人情，雨天好借傘」。從古至今，有許多這樣的成功人士，就像戰國時的信陵君，是一位很善於進行「感情投資」的人，得到的回報也很豐厚。

魏國有個隱士名叫侯嬴，年已七十，家境非常清貧，但只做大梁城看守東門的小吏。有一次，信陵君親自去拜訪，饋贈給他貴重的禮物，但他都婉言謝絕。於是，信陵君大宴賓客，等酒宴擺設好，客人坐定以後，他就親自帶著隨從車馬，親往東門迎接侯嬴。

侯嬴上車並不謙讓，直接坐在尊位上，一面暗自觀察信陵君，信陵君駕御著馬車，態度更加恭敬。

過一會兒，侯嬴對信陵君說：「我有個朋友在屠宰場裏，希望能委屈您與我一同去看望他。」

信陵君就將車駕到市場裏，侯嬴下車會見自己的朋友朱亥，故意站著和朱亥談話，很久不理睬信陵君，並繼續觀察他的反應，信陵君的臉色更為溫和，而這時，信陵君家裏高朋滿座，正等著他回來開宴。

市場上的人都好奇地觀看信陵君駕車，信陵君的隨從暗罵侯嬴。侯嬴看到信陵君始終和顏悅色，態度誠懇恭敬，於是告辭朱亥回到車上。回到家，信陵君請侯嬴坐上尊位，並向他一一介紹在座的將相、宗室，這使賓客都為之驚訝。

宴會上信陵君站起來，到侯嬴席前敬酒祝壽。

侯嬴告訴信陵君說：「今天我讓您為難得夠多了，我不過是一個守東門抱門閂的人罷了，然而您卻親自駕著車馬，迎接於大庭廣眾之中。本來是不應該讓您這樣做的，但您卻這樣做了。我為了成就您禮賢下士的美名，所以我故意讓您和車馬久立於市區，使來往的人圍觀您。但您的態度越加恭謹，於是人們都認為我是小人，而盛讚您是一位能禮賢下士的長者。」

這是侯嬴受到尊重後，對信陵君的第一個報答，而這又何嘗不是信陵君感情投資的一種收穫呢？

成熟的人應有的待人處事「溫度」

懂得去別人不去的「冷廟」燒香，是一項有利而穩健的「人情投資」，千萬不能「平時不燒香，臨時抱佛腳」。

如果你是一個真正善於求人的人，那麼就要具備長遠的戰略眼光。說得世俗一些，就是你釣不到大魚，也不能抱著「釣到的魚不用餵食」的平庸態度，否則，大魚釣不到，連小魚也都讓你餓死了。

正所謂：「平時不燒香，臨時抱佛腳，菩薩雖靈，也不會來幫助你的。」也就是你平時目中沒有菩薩，有事才去找，菩薩哪肯做被你利用的工具！

因此，不但要做到目中有菩薩，心中也要有菩薩，你的燒香完全出於敬意，而絕不是買賣，一旦有事你去求祂，祂對你有情，自然就會幫忙。

如果你要燒香，就應去不太有人注意的「冷廟」，而不要去香火鼎盛的「熱廟」。因為熱廟燒香人太多，菩薩注意力分散，你去燒香也不過是香客之一，顯不出你的誠意，引不起菩薩特別注意。

也就是說，菩薩對你不會產生特別的好感，一旦有事你去求祂，祂也以眾人相待，不會特別幫忙。

冷廟的菩薩就不然了。平時冷廟門庭冷落，無人禮敬，你卻很虔誠地去燒香，菩薩對你，當然特別注意，認為你是祂的知己，一旦有事你去求祂，祂自然特別幫忙。即使將來風水轉變，冷廟變成熱廟，菩薩對你還是會特別看待，認為你不是勢利之輩。

菩薩如此，人情未嘗不是如此，有空閒之餘就維繫一下朋友間的關心，不只是對飛黃騰達的朋友噓寒問暖，也該為虎落平陽的朋友雪中送炭，哪天失勢的朋友若是一飛沖天，我們才有再次與他建立交情的餘地。

到底該交什麼樣的朋友，才會對人生有幫助呢？

一、人之相交，要靠時機，時機的遲早要靠命運，你的相識之中，有沒有懷才不遇的人？如果有，這就是「冷廟」，應該時常去探望探望，每逢佳節送些禮物。

二、一旦他在日後，否極泰來，他第一要還的人情債，當然是你的，也就是當他有還債的能力時，即使你不去索討，他也會自動還你。

第2章

留點「糊塗空間」給自己，才能全身而退

歷來「難得糊塗」都被推崇為高明的處世之道。

其實，這是一種大智若愚的智慧，也就是只要你懂得裝傻就行，

因為，裝傻可以為人遮羞，可以自找台階，

做為一個有才華的人，想保護自己，

就必須懂得糊塗，懂得做到不露鋒芒。

8、批評員工要點到為止，他才有空間去反省

◎任何事都是需要講究方法的，就算是批評人也是要講究一定的方法。
◎貶低他人，非但不能抬高自己，反而意味著自己的渺小。

做任何事情都不要把事情做的「過度」，尤其是主管，在批評下屬時，要給下屬留有餘地，這樣才能夠讓下屬心悅誠服地接受。

批評在於講理，在於從思想上幫助下屬糾正錯誤，而過激的言詞、過分的話語，不但不利於犯錯者接受，弄不好還會使犯錯者產生不接受批評的抵觸情緒，如果是居高臨下、大聲呵斥式的批評，就更不應該。

有一家建築公司的安全檢查員，他的職責是督促工地上的工人戴好安全帽。剛開始，當他發現有不戴安全帽的工人時，立即很嚴肅地把工人批評一頓，然後，要

他馬上戴好安全帽。

結果，被批評的工人很不高興，等他一離開，就馬上脫下安全帽來表示內心的不爽。

安全檢查員在得知此種狀況後，於是，就改變了方式，當他遇見有工人不戴安全帽時，就問是不是帽子戴起來不舒服，或是帽子的大小不合適，並且用愉快的聲調提醒工人，戴好安全帽是很重要的，最後要求工人在工作時最好戴上安全帽，結果，工人都很樂意地戴上了安全帽。

說起批評，誰都不陌生，在我們的生活和工作當中，我們既批評過別人，也被別人批評過。

尤其是在企業裏，由於過失或者不盡職等因素，員工被主管批評是很常見的現象。

我們常常碰到一些主管在會議上當眾批評員工的情況，這樣的主管沒有站在員工的角度思考問題，在有第三者在場的情況下，批評員工會令被批評者顏面盡失，也會令第三者感到尷尬，第三者就會想下一個對象會不會就是我？無形之中，在員工的心裏就會留下陰影。

成熟的人應有的待人處事「溫度」

有些主管在批評別人，特別是下屬時，往往難以控制自己，情緒激動時，還常會說些過頭的話，這種把話講絕的批評方式，實不可取。

我們常見到畫家畫花時只畫一枝，而不是全部，有時也會在花枝添上一隻小鳥，讓人品位其中意境。詩人寫詩同樣如此，寥寥數字就能將一幅畫面展現在我們眼前。

同理，做為主管，要善於讓員工去自己反省自己，而不是不假思索地對員工進行指責。

有一個這樣的例子：鮑勃．胡佛是個有名的試飛駕駛員，有一次，他準備駕機從聖地牙哥飛回洛杉機時，有兩個引擎同時出現故障，幸虧他反應靈敏，控制得當，飛機才得以降落。

雖然無人傷亡，但是飛機已面目全非。他琢磨著問題可能是出在那架飛機的噴射機用油上，結果不出所料，果然如此。

回到機場後，胡佛見到了那位負責保養的機械工，年輕的機械工早已為自己犯下的錯誤而痛苦不堪，就等著胡佛的責罵，然而，胡佛並沒有責備那個機械工人，只是伸出手臂，拍了拍機械工人的肩膀說：「為了證明你不會再犯錯，你明天要幫我修護我的F-51飛機。」

那位機械工聽了這番話後，感到很吃驚。相信胡佛的做法已經足以讓年輕的機械工終身記住這一教訓了。

相反，小張在一家公司做秘書時的遭遇就不同了。一次，經理讓他給客戶發mail，由於他的一時疏忽將mail發錯了，導致客戶埋怨而不再與其公司合作了。事後，經理將他劈頭大罵一番，並毫不留情地將他辭退。

其實，既然錯誤已經犯下了，責備和抱怨又有什麼作用呢？尤其是下屬不慎犯下大錯，即使你正在氣頭上，也不要口無遮攔，破口大罵。

正確的做法要像胡佛那樣，給別人一個鼓勵和改正的機會。也就是說，一個主管應當盡量去瞭解和理解下屬，而不是隨意責罵。因為，當主管把下屬罵到狗血淋頭、頭昏腦脹，他又有什麼時間和餘地，把自己的過錯好好的反省一遍呢？

批評的目的是什麼呢？

一、批評的目的在於在適當的場合，透過適當的方式，促使對方發生轉變。

二、當著眾人的面，對其進行批評，是與批評的目的極不相符的，也根本不可能達到批評的目的。

9、留點「糊塗空間」給自己，才能全身而退

◎ 現代職場中，與主管交往最重要的技巧就是適時「裝傻」，不露自己的高明，更不能糾正對方的錯誤。

◎ 當你志得意滿時，不可趾高氣揚，目空一切，以及不可一世。

歷來「難得糊塗」都被推崇為高明的處世之道。只要你懂得裝傻就行，其實，這是一種大智若愚的智慧，做人切忌恃才自傲，不知道得饒人處且饒人。人際交往，裝傻可以為人遮羞，自找台階；可以故作不知達成的幽默，反唇相譏；可以假癡不癲，迷惑對手。在這其間，你必須有好的演技，才能「瘋」得恰到好處。

做為一個有才華的人，要做到不露鋒芒。既有效地保護自我，又能充分發揮自己的才華，不僅要說服、戰勝盲目驕傲自大的病態心理，更要養成謙虛讓人的美

德。

所謂「花要半開，酒要半醉」，凡是鮮花盛開嬌豔的時候，不是立即被人採摘而去，也是衰敗的開始，人生也是這樣。

雖然在當今的職場中，似乎不同於當年「君叫臣死，臣不敢不死」的奴才；當今的企業，似乎也不同於一言生死的朝廷，但古往今來，只要自己不是當老闆，就要永遠面臨「功高震主」與「兔死狗烹」的問題。

成熟的人應有的待人處事「溫度」

無論你有怎樣出眾的才智，都一定要謹記，不要把自己看得太了不起，不要把自己看得太重要。

《黃石公兵法》中有一項「推恩施惠」的主張，頗有見地。意即：有功勞的時候，要懂得將功勞往上推；有利益的時候，則要懂得施惠給下面的人。這個做法很值得參考。

一個職場中人應懂得向上「推恩」，才能獲得上司的重視，更重要的是信任。

上司會認為你不貪功，是可輔佐他的可用之才。反之，如果處處和上司或老闆搶功，老闆一定會以為你野心太重，將來勢力豐滿必將難以駕馭。此時上司不但不會把你放在重要的位置，也不會將你列為接班的人選。

當主管的總是要顯示出，在一切重大的事情上都比其他人高明。君王喜歡有人輔佐，卻不喜歡被人超過。如果你某些事做得好，你應該表現得你只是做了本來就知道只是偶爾忽視的事，可謂儘管星星都有光明，卻不能比太陽更明亮。

倘使你的才華遠超過你的上司，則你將難免有憤憤不平的感覺，並讓旁人聞知其事，而這樣無異於自取失敗。但是如果你的能力成為上司或老闆的榮譽，你能讓他認為你是他訓練出來的，是他培養出來的，此時他對你還有什麼不放心的呢？

除了懂得推恩之外，也要懂得「施惠」，將恩惠佈施給下屬。

如果你只顧自己享受，下屬會認為：自己為公司做到手軟，卻沒有受到激勵，這樣的話，向心力自然就會變得薄弱。對你這個主管也會變得口服心不服。要知道，一個能接近你而又記恨你的部下，無疑是相當危險的。

你可以讓別人推你攀升，也可以讓別人拉你攀升，方法雖然不同，但結果卻是一樣的。因此，把功勞讓給下屬，在獲得成就感的同時，也必然會助你成功，因為你的下一步成功，也就意味著他下一步的成功。

我們都知道，民間有幾句俗語：「槍打出頭鳥」、「人怕出名豬怕肥」等，這些都說明人才雖然具有比常人優秀的能力，但是在現實工作中是極易遭到妒忌，甚至是人為的陷害。因此，應該適度地掩飾自己的才華，讓別人也有發揮的餘地，不要因過於顯示才華，而落一個不好的下場。

為什麼「難得糊塗」，會成為許多人的座右銘呢？

一、有句成語：「芳蘭當戶，不得不鋤。」就是說跟主子穿一條褲子打天下的臣子，常常第一個被殺掉，這都是因為功勞太大，才華外露的結果。

二、做為一個職場中人，要學會適當地掩飾一下自己的才華，有時「難得糊塗」也不失為一種良策。

10、先退一步，才能換取自己「往前跳」的空間

◎每個職場中人都希望自己越跳越高，但是做任何事都要事先考慮考慮，是否給自己留下了足夠的餘地。

◎忍一時之氣，退一步路，不只海闊天空，而且還會到處都是出路。

雖說「人往高處走，水往低處流」。但如果不慎跳錯槽，選擇了一個不適合的池塘，別說釣大魚，恐怕連小魚也成問題。因此，有時候，退一步換一個「小池塘」來釣魚，往往會有意想不到的收穫。

另外，碰上僵局，或者對方一直不掀牌，讓你感覺莫測高深的時候，打破僵局最好的方法就是先讓一步。

義大利藝術家米開朗基羅被公認為最偉大的作品，應該是他的大理石雕刻——「大衛像」。

有很多人不知道，當米開朗基羅剛雕好大衛像的時候，主管這件事的官員跑去看，竟然不滿意。

「有什麼地方不對嗎？」米開朗基羅問。

「鼻子太大了！」那位官員說。

「是嗎？」米開朗基羅站在雕像前看了看，大叫一聲：「可不是嗎？鼻子是大了一點，我馬上改。」說著就拿起工具爬上架子，叮叮噹當地修飾起來。

隨著米開朗基羅的鑿刀，掉下好多大理石粉，那官員不得不躲開。

隔一會兒，米開朗基羅修好了，爬下架子，請那位官員再去檢查。

「您看，現在可以了吧！」

官員看了看，高興地說：「是啊！好極了！這樣才對啊！」

送走了官員，米開朗基羅先去洗手，為什麼？

因為他剛才只是偷偷抓了一小塊大理石和一把石粉，到上面做做樣子，從頭到尾他根本沒有改動原來的雕刻。但是，試想一下：如果米開朗基羅不這樣做，而跟那位官員爭論，會有這麼好的結果嗎？

成熟的人應有的待人處事「溫度」

以退為進，由低到高，這是自我表現的一種藝術，也是生活的藝術。

有一個業務員在一家公司跑業務時，他讓其公司的秘書把自己的名片交給董事長，那個秘書恭謹地把名片交給董事長，一如預期，董事長不厭煩地把名片丟回給秘書，但業務員卻面不改色地再把名片遞給秘書，「沒關係，我下次再來拜訪，所以還是請董事長留下名片。」

拗不過業務員的堅持，秘書硬著頭皮，再進辦公室，董事長火大了，將名片一撕兩半，秘書不知所措地楞在當場，董事長更氣，從口袋拿出十塊錢，「十塊錢買他一張名片，夠了吧！」

豈知，當秘書遞還給業務員名片與銅板後，業務員很開心地高聲說：「請你跟董事長說，十塊錢可以買二張我的名片，我還欠他一張。」隨即再掏出一張名片交給秘書。

突然，辦公室裏傳來一陣大笑，董事長走了出來，「這樣的業務員不跟他談生意，我還找誰談？」其實，在大部分企業中，業務員每天都會碰到上述類似的場面，如果光是靠修養或到魔鬼營訓練，還是有洩氣的時候，能力再好的業務員，也有倒地不起的一天。

因此，可以這樣說，人的胸襟有多大，成就就會有多大，爭一時不如爭千秋，更何況你怎麼知道，老天爺的佈局不是要讓你扛起更大的責任呢？

當在職場上遇到解不開的難題，該如何是好？

一、職場中，經常會遇到一時無法解決的難題，解決難題一定要看事件，也要因人而宜，切忌不顧一切，求急求快，一洩而痛快。

二、當遇到一時無法解決的情況時，有時往後退一步、兩步、三步，都不失一種解決問題的辦法，讓心情緩下來，才會有冷靜思考的餘裕。

11、保住老闆的「面子」，也讓你贏得了「銀子」

◎如果不能避免老闆丟面子，你應趕快躲開，而不是留在原地成為老闆受辱的「目擊者」。

◎在職場，良好的形象有利於一個人獲得成功，所以職場中，人更看重自己的臉面，更何況是老闆。

常言說：「人要臉，樹要皮。」臉面代表了一個人的形象和自尊，所以正常人沒有不在乎自己面子的。

在一個公司裏，一個人的地位越高，他的面子似乎就顯得越重要。所以，老闆比員工更看重自己的臉面是理所當然的事情。

在老闆處於極端尷尬、甚至臉面即將不保的緊急關頭，你若能幫助老闆保全面子，這比你完成老闆交給你的任何一項工作都有功勞；反之，如果在本來能夠幫助老闆避免丟面子的前提下，你卻束手無策，眼睜睜地看著老闆顏面丟盡，老闆就可能遷罪於你，即使嘴上不說，但也會懷恨在心。也就是無論你工作多麼出色，一想起自己的「屈辱」，老闆就會情不自禁地找藉口貶低你，讓你永無出頭之日，甚至將你掃地出門。

相對於員工來講，老闆一般比較穩重，也累積了相當豐富的經驗，似乎不應該有「大意失荊州」的事情發生。但老闆也是人，也有考慮不周的時候，也會碰到突發事件，所以，老闆有時候丟臉，就在情理之中了。

當老闆碰到丟臉的突發狀況時，你一定要冷靜積極地處理，盡最大努力避免老闆出醜，從而保全他的面子。如果你無動於衷，或者驚慌失措，眼睜睜看著老闆顏面不保，那麼你也就別指望在公司裏有什麼好的發展了。

成熟的人應有的待人處事「溫度」

在職場中，當你和老闆在一起的時候，老闆一旦處於丟臉的邊緣，你一定要積極應對，而不是做一個冷漠的旁觀者。

在公司開會的時候，當老闆不慎口誤，你可以跟老闆使眼色，提醒老闆他剛才發生嚴重口誤，如果老闆照著文稿講話，你可以先舉手，然後站起身說：「剛才那個地方，是不是文稿列印錯了？」老闆藉機更正後，及時保住了自己的面子，自然會感激你，日後有提拔的機會，自然不會忘記你。

另外，在突發事件面前，如果你能挺身而出，避免了老闆丟臉，甚至是免遭皮肉之苦，那老闆自然對你感恩不盡。

迪克是一家飯店的服務生，一天中午他值班時，有幾個人消費完離開飯店。但不久後又返回來，說他們感到身體不適，懷疑飯菜有問題，要求賠償，而且一定要見老闆。

櫃檯的值班人員請他們拿出證據來，跟那幾個人爭執起來，眼看就要動起手來，老闆從樓上下來，看見這邊情況就走過去，問怎麼回事？

這時，迪克冷冷地對老闆說：「這件事跟你沒有關係，請走遠點。」

那幾個人接著嚷：「叫你們老闆出來，不賠償就砸店！」

老闆明白了，立即轉身走開。

迪克假裝去找老闆，打電話報了警，因為他看出那幾個人是來敲詐的，後來員警介入把事情擺平了。

這件事，使迪克給老闆留下了良好的印象，不久，老闆就提拔迪克做了飯店的辦公室主任。

當你成為老闆丟臉的見證者，而且本該透過你的努力就能保全老闆的面子，那老闆對你的袖手旁觀一定懷恨在心。隨著時間的消逝，老闆可能淡忘了他丟臉的事情，但一看見你，可能就會勾起他痛苦的回憶，這時老闆就可能把他丟臉的事，全部怪罪到你頭上。

在這樣的老闆手下工作，你要想獲得加薪和晉升的機會，可謂難於上青天。所以，不管面對的是好老闆還是惡老闆，只要是我們的老闆就都是與我們站在同一條船上的同路人，在這生死與共的環境下，老闆的面子或大或小，等同於我們的成功之路或寬或窄；所以，全力幫助老闆，讓他丟臉的危機留有轉圜的餘地，就等於讓我們的成功之路上，多了更多前進的空間。

當你想保住老闆面子時，心有餘力不足，該怎麼辦？

一、如果有一絲可能保全老闆的面子，就要衝上去挽救，即使保全不了老闆的面子，老闆也會感激你。

二、但如果你在危機面前無動於衷，束手無策，甚至幸災樂禍地看老闆的笑話，老闆一定不會給你好臉色看。

12、給下屬留點「面子」，也讓你贏了「裏子」

◎ 讓下屬丟面子，不僅對下屬的自尊心會造成傷害，而且也影響了主管的威信，對人對己對工作都不利。

◎ 一個人的面子，在傳統觀念和現實生活中，確實很重要，因此，做為主管，面對下屬的面子問題不可不慎。

做為一個優秀的主管，在否定下屬的決定時，要盡量顧全下屬的面子，使對方不至於有太多的壓力，或是遭到其他員工的懷疑和非議，因而下不了台。

假如主管與下屬對某件事情的看法發生了分歧，做為主管為了勸服下屬，可以這樣說：「當然，我完全理解你為什麼會這樣想，因為你那時候，還不瞭解事情的具體情況。」或者說：「一開始，我也是這樣想的，但後來當我瞭解到全部情況後，我就知道你我都錯了。」這樣的說法，就給下屬留了面子，換句話說，是給他台階下了。這樣可以把下屬從矛盾和不服的疑惑中解脫出來，並信服你所做的決定。然而，當下屬有成績時，要捨得給面子。《三國志》中記載：魯肅取得赤壁之戰勝利後回來，孫權召集群臣，為魯肅舉行了盛大的歡迎儀式，並親自下馬迎接魯肅。

孫權問魯肅：「我這樣恭敬地對待你，你很有面子吧？」

魯肅回答「不！」在大家的驚愕中，魯肅說：「我希望主公統一天下，然後再拜我為相國，這才是給足了我面子呀！」孫權聽後撫掌大笑。看，因為孫權給足了魯肅面子，魯肅知恩圖報，攢足了勁，回贈孫權一個「君臨天下」的大面子。這說明，當下屬有了成績時，主管給下屬面子是對下屬最好的激勵，如此，能使下屬更加努力工作，以回報主管給他的面子。

成熟的人應有的待人處事「溫度」

人非聖賢，孰能無過？下屬有了過錯，特別是非原則性的過錯，主管應該寬大為懷，給下屬留點面子。

高明的主管對做出成績的下屬，必須捨得給面子，比如當眾表揚，比如給予物質獎勵或榮譽獎勵等。這樣，在做出成績的下屬有成就感的同時，對其他下屬也是一種激勵。

當下屬犯錯時，也要適當地留面子。《說苑》中記載這樣一個故事：楚莊王夜宴群臣，酒酣耳熱之際，請後宮美人出來勸酒，恰巧風吹燈滅，有人趁機拉美人的衣服，美人迅速扯掉了那人的帽纓，告訴楚莊王趕快點燈。

楚莊王卻說：「今日大家與我飲酒，不把帽纓去掉不痛快。」於是，大家都把帽纓拿下來，然後點燈，盡歡而散。後來，晉國與楚國開戰，有一員楚將奮勇殺敵，立了大功，楚莊王問他姓名，他說：「我就是那晚被美人扯掉帽纓的人。」

楚莊王懂得給犯有過失的下屬留面子，換回的是下屬的拚死相報。相反，如果楚莊王把那人當場捉住，除了破壞氣氛，損失一員大將以外，什麼作用也沒有。

在日常小事中，更不能讓下屬丟面子。《左傳》中記載：一天，鄭國大夫子公與子家一起上朝。忽然，子公的食指顫動起來，子公對子家說：「以前我指顫時，預示著有異味可嚐，看來今天又有好吃的了。」

入朝後，果見鄭靈公煮龜犒勞大臣，二人相視大笑。鄭靈公問他們為何笑，子家把子公的話告訴了鄭靈公。當龜燒熟時，鄭靈公故意讓子公難堪，龜湯每人一份，偏偏不給子公。

子公氣極，如此大丟面子，他不顧一切地從鼎中撈起一塊龜肉，邊吃邊走出去了。鄭靈公大怒，想殺子公卻又忍住了。但鄭靈公沒想到，不久，自己卻死在子公的手下。

這個歷史故事警示上位者，在一些看似日常小事上，千萬不要讓下屬丟不該丟的面子，免得將下屬逼上梁山，發生什麼無法挽回的憾事。

為下屬留面子、留下一個將來他奮力報效你的空間，為下屬留面子、留下一個讓他改過自新的餘地，這既是為官之道，也是做人之道。

為下屬留面子，是指下屬什麼過錯都要原諒嗎？

一、這當然不是提倡「不講原則、好人主義」，這裡說的留點面子，是指對犯錯者本著「治病救人」的動機，點到為止，促其自省，給他以改過的機會。

二、切勿取笑下屬的一些生活習慣，以及不分地點、場合對下屬發脾氣、給臉色等，在這一些小事上，主管者應該更要注意，盡量別讓下屬丟面子。

13、故意裝傻，不要讓你的聰明絕了頂

◎你不露鋒芒，可能永遠得不到重任，你鋒芒太露卻又易招人陷害，雖說嶄露鋒芒容易取得暫時的成功，但卻為自己掘好了墳墓。

◎當你施展自己的才華時，也就埋下了危機的種子，所以才華顯露要適可而止。

俗話說得好：「槍打出頭鳥。」當你還不具備實力時，請把你過剩的才華藏起來！同樣，在職場中，有一個很重要的概念，就是功高不能震主，在上司面前，要有做「老二」的心態，也就是謙讓。而且，要知道「鳥盡弓藏，狡兔死，走狗烹」這個道理。

一直以來，功高震主都是職場上的大忌，古人時常提到過：「木秀於林，風必摧之」。

舉個例子，當公司交待一件任務或工作，當你圓滿達成時，你要表現的態度是

謙虛、不卑不亢，不要盈滿自得、到處誇耀，或是在別人、主管或老闆面前說得天花亂墜，想要表現出大將之風，而是只要表現出「平常心」即可。

換言之，你只要讓老闆感受到你已經盡力完成任務就行了，如此，上級主管才會給予更大或是更重要的任務，自然而然，你當然是所有同事之中，最重要的人物了。要知道，重要的任務只給重要的人（也就是心腹）去執行。這樣一來，你不會得罪同事（因為你的低調），二來讓老闆安心（你並不居功，但你會努力去完成），三來你的「包藏禍心」（誰不希望升官發財）也不會讓人知道。

每個人在自己的職場生涯中，都應該好好認識一下自己的個性、脾氣、專長及技能的優缺點，然後，在該發揮出來的時候，適時地發揮出來，在該隱藏起來的時候，適時地隱藏起來，總之，千萬不能讓你的優異表現，讓你的主管感到威脅。

成熟的人應有的待人處事「溫度」

在展現才華時，要多替自己的主管考慮考慮，要學會給主管留下餘地，避免功高震主，這樣的下屬才能在職場得到人緣。

鋒芒太露而惹禍上身的例子，在古代可謂屢見不鮮。打江山時，各路英雄匯聚在一個主子的麾下，鋒芒畢露，一個比一個有能耐。

這時的主子當然需要借這些人的才能，實現自己圖霸天下的野心。但天下已定，這些虎將功臣的才華不會隨之消失。這時他們的才能成了皇帝的心病，讓皇帝感到威脅，所以屢屢有開國初期弒殺功臣之事，所謂「殺驢」是也。

韓信被殺，明太祖火燒慶功樓，無不如此。大家讀過《三國演義》後，可能注意到劉備死後，諸葛亮好像沒有大的作為了，不像劉備在世時那樣運籌帷幄，滿腹經綸，鋒芒畢露了。

在劉備這樣的明君手下，諸葛亮是不用擔心受猜忌的，並且劉備也離不開他，因此，他可以盡力發揮自己的才華，輔助劉備，打下一份江山，三分天下而有其一。

劉備死後，阿斗繼位。劉備在死前當著群臣的面向諸葛亮說：「如果這小子可以輔助，就好好扶助他；如果他不是當君主的材料，你就自立為君算了。」

諸葛亮頓時渾身冷汗，手足無措，哭著跪拜於地說：「臣怎麼能不竭盡全力，盡忠貞之節，一直到死而不鬆懈呢？」

說完，叩頭流血。劉備再仁義，也不至於把國家讓給諸葛亮，他說讓諸葛亮為君，怎麼知道沒有殺他的心思呢？因此，諸葛亮一方面行事謹慎，鞠躬盡瘁，一方面則長年征戰在外，以防授人挾天尹的把柄。而且他鋒芒大有收斂，故意顯示自己老而無用，以免禍及自身。

這是韜晦之計，收斂鋒芒是諸葛亮的大聰明。

當今社會，此理仍然，與主管交往的技巧就是「故意裝傻」，也就是不炫耀自己的聰明才智、不反駁對方所說的話。

其實，要做到這一點是非常不容易的，必須要有很好的演技才行。然而，不是人人都可以「傻」得恰到好處，如果沒有掌握得恰到好處，反而會弄巧成拙。

在職場上，應該如何做到「才」不露白呢？

一、在工作中，一定會出現一些能大展身手的機會，甚至能讓我們在團隊中爬到更高的職務，但那些主管們，對於下屬「炫才」的行為，自然是不樂見的。

二、在職場，如果想展現才華，要考慮主管對團隊的認同度、頑固程度以及能否具有包容力。否則，有時做出好業績，反而讓自己的職位變更低。

14、工作「表現」要留餘地，才不會「功高震主」

◎ 對於取得的成績不要張揚，這樣的處事原則，會讓你遠離很多的是非。
◎ 要知道在任何時代，「功高震主」都是身為下屬的大忌。
◎ 在一個相對體系的企業裏面，企業最高決策者的權威，是絕對不容質疑的。

在職場中，對於一個下屬來說，最忌諱自表其功，自矜其能。凡是這種人，十有八九要遭到猜忌而沒有好下場，當年劉邦曾經問韓信：「你看我能帶多少兵？」韓信說：「陛下帶兵最多也不能超過十萬。」劉邦又問：「那麼你呢？」韓信說：「我是多多益善。」這樣的回答，劉邦怎麼能不耿耿於懷？

自以為有功便忘了上司，總是討人嫌的，特別容易招惹上司嫉恨。被人比下去，是很令人惱恨的事情，所以你的上司知道自己被你超過，他的情緒對你往往會有不利影響。

小劉從大學剛剛出來，就跟了現在這個老闆，經過幾年的打拚，公司現在也有了一定的規模，而他也算是勞苦功高的重臣了。所以，當人事部晉升他為總經理特別助理時，公司其他同事都沒有任何異議。

自小劉出任特別助理以後，他凡事總是親歷親為，對待員工也是禮讓有加，公司的各項工作也做得十分出色。這對於他的頂頭上司來說，簡直就是如虎添翼。

在每次主管會議上，總經理都是對他大加讚賞。一次總經理還特別交待，讓小劉給公司做一份詳細的企劃書，好在國外開拓一個新的市場。

在瞭解各個部門的情況之後，小劉把一份厚厚的企劃書，交給了總經理。

過了幾天，總經理找小劉談話時，說：「小劉呀！你的企劃書做得很好，而且內容也很詳細，但是有一個問題，其他人對這個專案都不熟悉呀，對於這專案負責人的問題，我考慮了一下，可能就只有你最合適了。所以公司決定在法國設立一個辦事處，請你過去擔任駐法代表。同時為了使你無後顧之憂，公司還為你準備了一間房子，你的出差費全都由公司承擔。」

多麼優渥的待遇啊！公司所有同事對小劉投來了羨慕的眼光。但只有小劉自己心裏清楚，總經理是擔心自己一不小心「功高震主」，搶了他的風頭，阻礙了他的仕途，因此找了個理由，把身邊最親近的人外放了而已。

小劉的「功高震主」，正是因為他的大力改革，凡事親歷親為，雖然，這在表面上看起來對老闆有利，但是因為和老闆一起打拚多年，其威望在員工心裏也很高，而老闆就怕這種情況，會給自己帶來威脅。所以，最後他遭到了「外放架空」的命運，也是意料之中的事了。

成熟的人應有的待人處事「溫度」

有職場就有「職場政治」，職場中人要正視問題，解決矛盾，記住企業那些老闆並不是聖人，而企業也不是培養聖人的地方。

假如立了一些功勞，就覺得自己非常了不起，就把別人看的一無是處，就認為上司不配指揮自己，不論什麼事，少了自己別人就幹不成，居功自傲，對下屬以主管自居，對上司指手劃腳，不可一世，那你就大錯特錯了，長此以往，不但會傷及上司和下屬的自尊心，而且會導致你和上司的情感不和。

我們見過為數不少的知名經理人，因為居功自傲、功高震主而黯然出局。這些教訓告訴我們，做一個成功的職場人，特別是到了老闆副手、準接班人等位置的時候，光有運籌帷幄的能力和令人信服的業績還不足以擔此大任，還要懂得「大音稀聲」和「無成有終」的道理。

另外，也要記得不管跟老闆或主管是什麼樣生死與共的好交情，也要守好上下級的關係，不要逾矩；如此讓彼此有著上下層的距離，當上司們翻臉不認人時，身為下屬的我們才有轉身就跑的餘地。

難道員工和老闆不是一同前進的夥伴嗎？

一、在上司的眼中，下屬是他的工具，那工具對他有利時，他會重用；無利時，他就要除去。不要以為你給老闆打拚多年，無功也有勞，他就會一直善待你。

二、如果你自認是「千里馬」，那麼你就要學會先跑先贏的道理，在老闆還來不及下調令前，就做好萬全的準備，使自己不至於陷入他的陷阱當中。

第3章

做人不要「過度」，待人才會有「溫度」

在人際交往中，做任何事都要有一個「度」，
正所謂「過猶不及」，任何事都不要做的「過度」，
而為自己帶來不必要的麻煩。適當地給別人一個機會，
讓別人有所回報，不至於因為內心的壓力而疏遠了雙方的關係。
而「過度投資」，不給對方喘息的機會，就會讓對方的心靈窒息。

15、放長線，是為了讓自己留下可以釣到大魚的餘地

◎ 追得太緊，別人反而會一口回絕你的請求，只有耐心等待，才會有成功機會。
◎ 人際往來，幫忙是互相的，也就是說，不可像做生意一樣一板一眼。
◎ 交友要有長遠的目光，另外還要有目標性的長期感情投資。

唐代京城中有一位頭腦很聰明伶俐的竇公，他非常善於理財，但是他的財力卻不怎麼雄厚，因此，他思索著，是否能從小處賺起呢？拿定主意後，他便每日在京城中四處逛蕩，尋求賺錢門路。

某日來到郊外，卻見青山綠水前，有一座大宅院，一打聽，原來是一權要宦官的外宅。他來到宅院後花園牆外，見一水塘，塘水清澈，直通小河，但因無人管理，顯得有點零亂骯髒。

竇公心想：「發財路終於來了。」

水塘主人認為那是一塊不中用的貧脊之地，最終以非常低的價錢賣給了他。

竇公買到水塘，又湊借了一些錢，請人把水塘砌成石岸，疏通了進出水道，並種上蓮藕，放養上金魚，圍上籬笆，種上一些百合。第二年春，那名權要宦官休假回家，逛後花園時聞到花香，到花園後一看，直饞得他流口水。竇公明確的知道魚兒上鉤了，馬上將此地奉送。

如此以來，兩人便成了好朋友。

一天，竇公裝做無意地談起想到江南走一趟，宦官急忙便說：「我給你寫上幾封信，讓地方官吏多多關照。」

竇公帶了這幾封信，往來於幾個州縣，賤買貴賣，又有官府撐腰，不到幾年的功夫便賺了一筆大錢。

回到京城的竇公已是富人了。在早些時候，他已看中了皇宮東南處一大片低窪地，正是因為那裡地勢低窪，所以地價非常便宜。

竇公買到手後，雇人從鄰近高地取土填平，然後在上面建造館驛，專門接待外國商人，並極力模仿不同國度的不同房舍形式和招待方式。所以一經建成，便顧客盈門，連那些遣唐使們也樂意來往。

竇公同時又在館驛旁邊闢出一條街來，多建妓館、賭場甚至雜耍場，把這條街建成「長安第一遊樂街」，日夜遊人暴滿。果然，不到幾年的功夫，竇公賺的錢數都數不清了，從此便成了長安的首富。

竇公之前為了釣到宦官不惜一切的血本作釣餌，而且耐性非常好，魚兒上了鉤竟也渾然不知，而他的這種技巧就是「放長線，釣大魚」。

許多善於放長線、釣大魚的人，當他們看到大魚上鉤時，都並不急於收線揚竿，把魚甩到岸上。他會按捺下心頭的喜悅，不慌不忙地收幾下線，慢慢把魚拉近岸邊；一旦大魚掙扎，便又放鬆釣線，讓魚游竄幾下，再慢慢收線……這正如人情操縱一樣。

成熟的人應有的待人處事「溫度」

要想有一個良好的人際關係，就應當有長遠的戰略眼光，未雨綢繆，這樣就會得到意想不到的回報。

同時，放長線釣大魚，還必須慧眼識英雄，這樣才不至於將心血冤枉的花在那些中看不中用的庸才身上，日後連老本都收不回。

對於一個身陷困境的窮人，一枚銅板的幫助很有可能會使他握著這枚銅板忍下極度的饑餓和困苦，日後或許可以做出一番事業，闖出自己的一片天地。

對於一個執迷不悟的浪子，一次促膝交心的幫助很有可能會使他建立做人的尊嚴和自信，然後在懸崖勒馬之後，最終成為一名偉大的勇士。

就是對一個陌生人很隨意的一次幫助，可能也會使那個陌生人突然領悟到善良的難得和真情的可貴……

這就是所謂「晴天留人情，雨天會得報」。一口一個「有事嗎」、「你幫了我的忙，下次我一定幫你」，被你幫助的人，一定會銘記在心。

然而，忽視了感情的交流，會讓人興味索然，彼此的交情也維持不了多長時間。而且，要講究自自然然，以免被別人想：「和他做朋友，一旦自己對他沒有用處，肯定會被一腳踢開！」人際交往中，要學會給自己留下餘地，不要把事情做「過度」了，要學會「晴天留人情」。

為何大家都提防不幫助別人的人呢？

一、不肯幫助別人的人，總是太看重自己的得失，別人的困難，他可當做自己得意的資本，別人的失敗，他可化做安慰自己的笑料。

二、不肯幫助別人的人，路見不平，更是不會拔刀相助。這種人吝嗇到了連微弱的同情和絲毫的給予都拿不出來，這樣的人，是最可怕也是最可憐的人。

16、留一點餘地給別人，就是留一點空間給自己

◎留一點餘地給別人，說不定別人將來給你的，會比你給他的更多。
◎人情就是財富，人要像愛錢一樣喜歡人情味，方能左右逢源。

人際關係中，「留一點」給別人的觀念十分重要，不要小看「留一點」的力量，往往「這一點」就是他人回報的核心關鍵。或許你不在乎「留一點」，甚至全然不留，但是你敢保證當你需要別人「留一點」給你的時候，別人會留給你嗎？

臺灣早期股市好手陳逢源生前最有名的一句話是：「賣股票時，記得留一點給別人賺。」

股市是不講情面，不留餘地的投資市場，為什麼要留一點給別人賺？其實，留一點給別人賺，正是給自己賺錢的機會，要留給別人賺錢的機會，你才能出脫手中

的股票，立刻取得現金；留一點給別人賺，別人才會接手你可能遇到的股市風險。

人與人的相處，所求的不正是留一點給別人的那份關愛與疼惜嗎？

有人說，這是爭「全贏」的競爭世紀，絕不能給對手留一絲餘地，留一點給別人，不正是給別人趁虛而入的機會嗎？其實，只要有實力，就不怕對手趁虛而入，除非自己心虛，沒有足夠的條件與能力，所以何不大方點，留一點給別人？

有一個國王帶著隨從去打獵，卻在森林中碰上狂風暴雨，國王意外地落了單，迷了路。他又餓又累在森林中打轉，終於看到了一家農舍，他敲著門，沒有人開門，便試著推那扇搖搖欲墜的門。

門開了，但是農夫卻露出不友善的臉，對他大喊：「走開！走開！你要是不立刻走開，那麼我就叫狗來！」

國王懇求他息怒，農夫卻更生氣了，並把國王推出了茅屋。

國王無奈地冒雨離去了，幸好碰到了一隊商旅，最終才平安地返回宮中。三天以後，國王派人召喚農夫，農夫惶恐不已的說：「我不認識國王，他為什麼找我？」

到了王宮，國王頭戴王冠，手拿權杖，坐在寶座上，一句話也未說就死死的盯著農夫看，然後便問他：「你認識我嗎？」這句話使農夫大驚失色，幾乎要暈厥過去。

成熟的人應有的待人處事「溫度」

人與人在交往的過程中，「留一點」是很重要的，而且，做什麼事都不要做的「過度」，要學會給人留一點面子，你給別人留一點，別人同樣也會給你留一點的。

有句俗話：「人情留一線，日後好相見。」意思是說與人相處時，凡是不要做「過度」，記得為彼此留下餘地，以後無論在哪個場合再見面了，都是一團和氣，不至於見了面，就讓對方咬牙切齒。

在我們有能力的同時，當然還要記得為別人留一盞光明而溫暖的燈，這是古人高明的一則處世哲學。

戰國時，有一個名叫中山的小國。一次，中山的國君設宴款待國內的名士。當時正巧羊肉羹不夠了，無法讓在場的人全都喝到。有一個沒有喝到羊肉羹的人名叫司馬子期，此人懷恨在心，到楚國勸楚王攻打中山國。楚國是個強國，攻打中山國易如反掌。

中山國被攻破，國王逃到國外。他逃走時發現有兩個人手拿武器跟隨他，便問：「你們來幹什麼？」兩個人回答：「從前有一個人曾因獲得您賜予的一袋食物而免於餓死，我們就是他的兒子。父親在臨死前囑咐，無論中山國有什麼變故，我們都必須竭盡全力，甚至不惜一切的以死報效國君。」

當中山國君聽了之後，就感嘆地告訴他們說：「給予不在乎數量多少，而在於別人是不是需要。施怨也根本不在乎深淺，而在於是否傷了別人的心。否則，我也就不會因一碗羊肉羹而亡國，因一袋食物而得到兩位勇士……」而這段話同時也道出了人際關係的微妙。

人們常說這樣一句話：「在家靠父母，出外靠朋友」，多一個朋友也就是多一條路。如果想人愛己，就必須先愛人，就如同一個人為防不測，需養成「儲蓄人情」的習慣。

這些的人情「積蓄」會轉化為日後別人對我們的幫助，所以，現在給人留一些感情的餘地，換來的是我們日後生存的空間。

我們該如何結交到「好人緣」呢？

一、其實，人生在世，不但需要別人的幫助，還需要幫助別人，也許根本就沒有比幫助這一善舉，更能體現一個人寬廣的胸懷和慷慨的氣度了。

二、不要小看對一個失意的人說一句暖心的話這類的小動作，也許自己什麼都沒失去，而對一個需要幫助的人來說，或許就是醒悟，就是支持，就是寬慰。

17、做人不要「過度」，待人才會有「溫度」

◎人際交往，是要遵循適度原則的，如果違反了它，就容易引發人際間的不愉快。
◎留有餘地，好事不應一次做盡，這也是平衡人際關係的重要準則。
◎開玩笑要掌握好分寸，開玩笑開得不好，則適得其反，傷害感情。

有位哲人說過：「沒有交際能力的人，就像陸地上的船，永遠到不了人生的大海」。人們學習知識進入社會，瞭解自我，獲得新生和感情，都是在人際交往中發生的，沒有與別人的交往，人類就無法生存。

因此，對於每一個人來說，人際交往都是非常重要的，任何事情都需要付出才會有回報，同樣，人際交往也需要「投資」，但並非是無限制投資，它也是有一定餘地的。

首先，不要對人太好！好事幾乎都被做盡了，也會給你帶來意想不到的結果。

對一個有勞動能力、理智健全的人來說，獨立、付出都是內部的需要。人際關係中，如果不能相互滿足某種需要，那麼這種關係維持起來就比較困難。

在卡內基成功人際交往思想中，很重要的就是要遵循心理交往中的功利原則。這一原則是建立在人的各種需要(包括精神的、物質的內容)的基礎上，即人際交往是滿足人們需要的活動。

而初入社交圈中的人，常犯的一個錯誤就是「好事一次做盡」，以為自己全心全意為對方做事，會讓雙方關係融洽、密切。

事實上並非如此，因為，人不能一味為別人付出，或是接受別人的付出，否則，心理會感到不平衡。

「滴水之恩，湧泉相報」，這也是為了使關係平衡的一種做法，如果好事一次做盡，使人感到無法回報，或沒有機會回報的時候，愧疚感就會讓受惠的一方選擇疏遠。

成熟的人應有的待人處事「溫度」

人的心靈都需要一點空間，如果你想幫助別人，而且想和別人維持長久的關係，那麼不妨適當地給別人一個機會，讓別人有所回報。

大學剛畢業的小斌是一家廣告公司的設計師，他說因為自己是公司新人，所以對誰都百般的熱心，好事幾乎都做盡了，後來卻給他帶來意想不到的結果——大家都疏遠他，不愛理他。

他每次熱心地幫助人家，人家好像還不樂意，他很困惑？

像小斌這樣「好事一次做盡」，以為自己全心全意為對方做事會使關係融洽、密切，卻不知道這其實是進入了一個人際的「地雷區」。因為，只有在別人最需要的時候，助其一臂之力，才能達到最後的人際效果。

而人際交往中，開個得體的玩笑，可以鬆弛神經，活躍氣氛，創造出一個適於交際的輕鬆愉快氛圍，因而詼諧的人常能受到人們的歡迎與喜愛。朋友、熟人之間適當開開玩笑，可以活躍氣氛、融洽關係、增進友誼。但開玩笑一定要適度，要因人、因時、因環境、因內容而定。

另外，要懂得運用距離效應，距離效應是指由於時間的阻隔，彼此間有了距離，一旦把距離縮短，重新相聚，雙方的感情便得到最充分的宣洩。

在這裡，「距離」成了情感的添加劑。可見，有時距離的存在也能給人美好的感受。因此，應當培養自己拉開一定距離看他人的習慣，同時也不要時時刻刻把自己的「透明度」設置為百分之百。

因為，內心沒有隱秘，足顯自己的坦蕩，但因此失去了應有的人際距離，無形中為以後的人際矛盾種下禍根，就不是明智之舉。

總而言之，在人際交往中，做任何事都要有一個「度」，正所謂「過猶不及」，任何事都不要做的「過度」，而為自己帶來不必要的麻煩。

適當地給別人一個機會，讓別人有所回報，不至於因為內心的壓力而疏遠了雙方的關係。而「過度投資」，不給對方喘息的機會，就會讓對方的心靈窒息，要切記，人與人之間留有餘地，彼此才能自由暢快地呼吸。

受人幫助真的是一種心理學的應用嗎？

一、心理學家在一九七四年就提出人與人之間的交往，本質上是一種社會交換，這種交換和市場上商品交換所遵循的原則是一樣的，即人們都希望在交往中得到的，不能少於自己所付出的。

二、其實，何止是得到的不能少於付出的，如果得到的大於付出的，也會令人們心理失去平衡。

18、不要輕易承諾，才能隨時回頭

◎與別人打交道時，不論雙方關係如何，如果需要承諾對方時，就要三思而行，慎之又慎。

◎成功的人很注意承諾這個細節，他不會輕易去承諾某一件事，即使有把握也不會輕易承諾。

一個人的誠實與信譽是他獲得良好人際關係，走向成功的基礎，而能否兌現其承諾，便是一個人是否講信用的主要標誌，因此，要想擁有一個良好的人際關係，就不要輕易承諾別人，要給自己留些餘地。

古代就有這一說：「君子一言，駟馬難追。」時至今日，「言必信，行必果」依舊被視為做人所應具備的美德之一。

然而，「言必信，行必果」這一見解，在國際社會中可以找到許許多多的知音。因為在西方國家中，早已把「遵時守約」視為為人處世的基本準則。

特別是在與不太熟悉的人交往時，一個人是否信守自己的承諾，關係到個人的信譽。一個人如果信守承諾，言而有信，就等於以實際行動證明自己言行一致，而這同時也是對自己的尊重。只有這樣的人，才會在社會上有良好的口碑，才能真正立足於社會，贏得人們的尊重。

與此相反，如果視個人承諾為兒戲，出爾反爾，言而無信，有約不守，守約不嚴，或者有約不認，甚至隨意撕毀自己的莊嚴承諾，不僅僅是失信於人，不尊重人際交往的有關規則，而且也是不講禮儀規則、不重視個人信譽、不尊重自己的表現。在現代社會裏，信譽就是生命，信譽就是形象，信譽就是社會關係，信譽就是工作效率。

個人不講信譽，在社會上就會難以立足，在工作中就會難以有所進展。

不管是答應對方所提出的要求，還是自己主動向對方提出建議，或者是自己誠心誠意地承諾於對方，都一定要經過事先的深思熟慮，反覆斟酌。在有必要承諾時，一定要有自知之明，務必要量力而行，一切從自己的實際能力以及客觀可能性出發。切忌好大喜功、草率行事，致使承諾「滿天飛」。需知如果濫用承諾，個人信譽便會貶值。

在承諾具體事項時，一定要認真思考，瞻前顧後，字斟句酌，力圖周全。既不能模棱兩可，含糊不清，難以解釋或可有可無，又不能信口開河，大而無當，言過其實，使承諾難以實施。

成熟的人應有的待人處事「溫度」

即使是自己能辦的事，也不要馬上答應，要仔細思考自己的能力和時間能不能負荷，在關心別人之前，要先關心自己。

一旦做出承諾，你就必須予以兌現。只有這樣，才能夠以實際行動證明自己「言行一致」，才會贏得對方的好感與信任，才有可能與對方「後會有期」，常來常往。為了兌現已有的承諾，還必須盡可能地避免對既往的正式承諾，任意修正、變動，隨心所欲地加以曲解，或者擅自予以否認，或者在執行中「偷工減料」。

但是，「世事難料」，儘管你不遺餘力地履行承諾，但是一時難以兌現承諾的情況，仍可能會出現。此時，一定要採取必要的補救性措施，儘早向相關的一方說明具體原委，以求挽回信譽。

任何事或物都是不斷發展變化的，你原來可以輕鬆地做到的事，可能會因為時間的推移、環境的變化而有了一定的難度。

如果你輕易承諾下來，會給自己以後的行動增加困難，對方也會因為你現在的承諾，而導致將來的失望。

所以，即使是自己能辦的事，也不要輕易承諾，不然一旦遇上某種變故，讓本來能夠辦成的事沒能辦成，這樣一來，你在別人眼裏，就成了一個言而無信的偽君子。

生活中有許多人都把握不了承諾的分寸，他們的承諾很輕率，不給自己留下絲毫的餘地，結果使許下的諾言不能實現。

因此，我們在工作中，不要輕率承諾，承諾時不要斬釘截鐵地拍胸脯，應留一定的餘地。

該怎樣承諾，才會不失分寸呢？

一、對人承諾時，不要把話說的太滿，以為天下沒有辦不成的事，那很容易給人留下虛偽的印象。

二、為人處事，應當講究言而有信，行而有果。因此，承諾不可隨意為之，信口開河，明智者事先會充分地估計客觀條件，盡可能不做那些沒有把握的承諾。

19、承諾要留餘地，否則就不要輕易承諾

◎ 輕率承諾當做兒戲，是不負責任的行為。
◎ 要做到言出必行，一諾千金，首要一點，是要對自己所說的話承擔責任。
◎ 做人不可以失信於人，更不要指望人們受騙後，還會再信任你。

大多數人都喜歡言出必行的人，卻很少有人會用寬宏的尺度去諒解你不能履行某一件事的原因。我們常常聽見某甲埋怨某乙，說：「某乙分明答應了我……但……」

事實上，某乙可能答應過某甲，但那不過是某乙怕難為情不好意思拒絕而已，但過後他仔細一想，便覺得這事根本不可能辦到，甚至某甲自己也知道這事，實在強人所難的。但是某甲真的會自責而不責人嗎？恐怕不會的，而在旁人看來，也總是覺得某乙不對，但已經沒人注意當初他的一切了。

一旦許下諾言，就要不遺餘力地去兌現。

其次，還要掌握好說話的分寸，量力而為，因為，諾言的能否兌現，不僅取決主觀的努力，也受客觀條件的制約。

有時在正常情況可以辦到的事情，由於客觀條件起了變化，而辦不到了，使人有失諾之感，因此，承諾時應留有一定的餘地，以免使對方從希望的高峰跌入失望的深谷。如果盡了最大努力仍未獲成功，則應主動向對方說明原因，解釋清楚，以取得諒解。

有道是：「輕諾必寡信。」不是嗎？有的人動輒便大包大攬地一口承諾，什麼「沒問題」、「包在我身上」等等，而實際上，或是不盡力去辦，或是根本就辦不到。長此下去，必然遭到別人的鄙視和譴責，丟掉起碼的人格。

成熟的人應有的待人處事「溫度」

如果承諾某種事，就必須辦到，如果你辦不到，或不願去辦，就不要答應別人。

有人會發此疑問：當我們在朋友面前，被迫非答應不可，而實際上明知這事不該答應時，又該如何？

人際關係學家也告訴過我們：「我們需要在聆聽別人陳述和請求完畢之後，輕輕搖搖頭，而態度並不強烈。」輕輕搖頭，代表了否定，別人一看見你搖頭，知道你已拒絕，接著你可以從容說出拒絕的理由，使別人容易接受。

當然，拒絕的理由必須充分，一個充分的理由，使人諒解你不能遵辦的苦衷，就不會對你記恨在心。

通常有許多事情都是這樣的：看來應該做，但是一做起來就有麻煩了。比如說，你有一位好友做了人壽保險經紀，他來向你說了一大堆買人壽保險的好處，於是，他請你向他買一百萬元保險。

你也明知此舉真有益處，但是，當你仔細一算，如果照他的要求，你每月要付出的保險費，等於你收入的三分之一，而目前你的收入，也不過是僅可應付日常生活所需。這時候的你一定明白這事很難辦到，就不妨輕輕地搖頭，然後說出上述的理由。

人們有一個普遍的心理：「你的承諾和欠別人的一樣重要。」

因為，當對方沒有得到你的承諾時，他就不會心存希望，更不會毫無價值地焦急等待，自然也不會有失望的慘痛。相反，你若承諾，無疑在他心裏種下希望。此時，他可能拒絕外界的其他幫助，一心指望你的承諾能得以兌現，結果你很可能毀滅他已經制定的美好計畫，或者使他延誤尋求其他外援的時機，一旦你給他的希望落空，那將是扼殺了他的希望。

如此一來，你的形象就會大跌，別人因為你不能信守承諾而不相信你了，進而不再願與你共事，不願再與你打交道，也就是不能兌現承諾的你，最終會給別人留下惡劣的印象。

拿破崙曾經說過：「我從不輕易承諾，因為承諾會變成不可自拔的錯誤。」

因此，當你要承諾別人某一件事情時，一定要三思而後行。

要記住，可信度就像一艘船的船底，如果船底有漏洞，那這個洞是大是小都是一樣會讓你致命。所以，凡是自己說過要做的事，就必須全神貫注，付諸行動。

總之，做任何事都有一個限度，在承諾別人時，也要為自己留有餘地，不要把事情做絕了。

如果面對真的辦不到，但不答應不行的事該怎麼辦？

一、如果你對情況把握不大，就應該把話說籠統一些，使之有伸縮的餘地。使用「盡力而為」、「盡最大努力」、「盡可能」等較曖昧性的字眼。

二、對不是自己所能獨立解決的問題，則應採取隱含前提條件的承諾，用「如果」、「要是」、「盡量」等等的字眼掩飾過去。

20、給別人留點面子，就是讓自己少點麻煩

◎「面子」問題是「人性」或「人性弱點」的一種反映。
◎你每給別人一次面子，就可能會增加一個朋友；你每駁一次面子，就可能失去一個朋友。

面子在人際關係當中具有很重要的作用，有句老話說：「人活一張臉，樹活一張皮。」學會讓別人保住面子，是人際交往中的一條基本原則。

在人際交往中，無論在閒聊，還是其他各種交流，有些人就是喜歡讓別人同意自己的觀點，所以當別人提出一個見解後，總是喜歡反駁他人。在一些無關緊要的事情上，你不必爭論。比如小張在談到他去某一個地方旅遊，那裡有八座佛像，很好玩。這時小林就說不是八座，是十座。這個時候兩人爭論起來，最後不歡而散，這樣就沒有必要。

然而，要如何避免這種情況呢？人際交往中，很多事實真相、真理不重要，重要的是給別人留面子。你沒有提高他人知識水準的義務，因為大部分人不領情。試著用「你講的很有道理，不過我有一點不同看法……」、「我很同意你的觀點，但我還有一些其他意見……」來進行溝通，你就會發現會獲得不一樣的效果。

成熟的人應有的待人處事「溫度」

在一些場合中，比如談判、法庭上，爭論是很有價值的，可是大部分的時候，爭論是沒有太多意義的，甚至是有害的。

《東周列國志》中「二桃殺三士」的故事，就是齊之相國晏嬰利用「面子」導的一齣戲：他用兩個桃子犒賞三位勇士，齊將壯士田開疆自認功大，「反不能食桃，受辱於兩國君臣之間，為萬代恥笑，何面目立於朝廷之上耶？言訖揮劍自刎而死。」其餘兩位，見狀亦先後自殺而亡。

《紅樓夢》中，則是因為許多或「臉上過不去」、「下不來」，或「充有臉」、「討臉」，而發生多少是是非非、拉拉址扯，甚至「你爭我奪」的事。如連丫頭秋紋都很看重「面子」：她替寶玉送一瓶花給賈母，老太太竟叫人拿幾百錢給她，她高興地說：「幾百錢是小事，難得這個臉面。」

美國的戴爾．卡內基在他的《人性的弱點》中就專門論述過「虛榮心」，提出應如何顧及他人的「面子」。中國人尤其「好面子」，以致成為「特質」，當與民族性及自古作為「禮儀之邦」不無關係。

追本溯源，在西方管理理論中，馬斯洛的「需要層次論」就把人的基本需要歸納為五種，其中一種較高級的就是「尊重的需要」。即人在社會中有自我尊重、自我評價的願望，如渴望名譽與聲望，包括受人賞識、注意或欣賞。

儘管馬斯洛的學說是以人本主義為理論基礎的，有其片面性和局限性，「面子」問題卻是明擺著的。

由上可見，「面子」還是要的。「面子」如果理解為人的尊嚴和人格，誰還會說不要呢？因為一個人只要講「面子」，就總是離不開當時社會所容許的主流形態，其要素如身分、地位、家庭、才幹、品德、為人等，至少也是約定俗成的東西。

如果大家不講「面子」，甚至「不要臉」，那社會會成為什麼樣子？「知恥近乎勇」，「廣不數寸」的「一張臉」，其作用確是很大的。

所以，即使是對於「虛榮心」，戴爾．卡內基也主張：「根本不在如何破壞它的問題，而是在如何改善它，誘導它走向有用的方面的問題。」

同時毋庸置疑的是，「面子」問題確也有其「副作用」和消極性，特別是在對它處置不當的時候。如在個人，或是根本不管臉面；或是「好面子」過頭了，自尊心演變為重虛名、慕虛榮，以致發展為互不相讓。

「面子」這個東西，也會讓「伴侶」從潤滑劑變成腐蝕劑、瓦解劑，甚至影響、破壞人與人的關係和社會穩定。

雖然面子是人們一種表面上的榮耀感，一種自尊心的滿足，但面子就是尊嚴！因此，無論遇到什麼事情，都要學會給別人留點面子。

面子在事業成就上也很重要嗎？

一、「面子」是烹調人際關係大餐必不可少的調味料。以個人「面子」為基礎構成的人際之間的「情面」，甚至可以成為決定人生得意與否和事業成敗的槓桿。

二、面子可以從禮儀和道義上對人際關係和社會發揮一定的維繫、調劑作用，是一種緩衝劑和粘合劑，更可說是人格的一種象徵。

21、給朋友面子，就是營造一個朋友幫你的空間

◎人敬我一尺，我敬人一丈。同樣，傷了別人的面子，可能會被人剝皮。

◎不傷朋友的面子，不僅是給朋友面子，也是給自己面子，面子換面子，善用面子好辦事。

◎你傷害過誰，也許你真的早已忘記了，但被你傷害的那個人，卻一輩子也不會把你忘記。

人人都知道，人沒有面子就不體面，不體面也就吃不開，有時還會掉腦袋。

西楚霸王項羽兵敗烏江時，就悲嘆「縱江東父老憐而王我，我何面目見之！」所謂「何面目見之」，也就是「沒臉見人」，更文雅的說法是「無顏見江東父老」。項羽為了他的顏面，為了自己的面子，自殺了。

「死要面子」，就是說寧願去死也要面子。項羽為了面子而死，孔子的高徒子

路為了不丟面子，不惜結纓而去，更甚者，即便是死了也要爭回面子。

每一個人都需要面子，而且都希望自己有面子，有面子就可以被別人看的起，同時也表明了自己的優越感。懂得這個道理，那麼以後交友就方便了許多，只要你給朋友留一點面子，朋友自然樂意回報你的面子。

俗話說得好：「蟻蟲遭扇打，只為嘴傷人。」假如你以尖酸刻薄之言諷刺別人的話，只圖自己嘴巴一時的痛快，根本不給對方留一點面子，殊不知會引來意想不到的災禍。

人與人之間原本沒有那麼多的矛盾糾葛，往往只是因為有人逞一時之快，說話不加考慮，傷害了別人的面子，讓對方下不了台，心中怎能不燃起一股怒火？有了機會就會報復，這也是情理之中的事。從古到今，可以說類似這樣的事情不勝枚舉。西元前六〇五年，鄭靈公大宴群臣，卻唯獨不讓子公吃。子公為挽回面子，就徑直走向烹鱉的鼎前，染指於鼎，嚐之而出。子公挽回了自己的面子，卻掃了靈公的面子。雙方只好翻臉，子公搶先一步，殺靈公，同時並給他弄一個「靈」的諡號，讓他永久都沒有面子。

交朋友，當然是要懂得面子問題。首先就是要懂得怎樣給朋友留點面子。如果你自恃自己面子大，不把別人放在眼裏，碰上死要面子的朋友，就有可能不吃你那一套，甚至可能撕下臉皮和你對著幹，這樣常會把友情搞糟。

西晉時，鍾會去拜訪嵇康，遭到冷落，嵇康當時正在打鐵，沒空理他，鍾會被大大地駁了一回面子，他吃不消，於是就去報復嵇康。他向司馬昭進讒言，讓嵇康上了法場，人頭落地。

從上述那些歷史故事可以明確的得知，不給朋友留一點面子，自己不僅僅得不到一點好處，還很有可能受到對方的傷害，反而對自己不利。還不如給朋友留足面子，那麼在以後就會好說話好辦事了。

成熟的人應有的待人處事「溫度」

朋友相交，也要會利用面子。你給朋友面子，朋友自然而然也要還你，假如你有什麼事需要朋友幫忙的話，只要朋友還你一個面子，那麼事情就成了。

費城的一家大商店的經理華納梅克，有一次，他來到商店巡視一番，發現有一位顧客在櫃檯前站了好久好久，卻沒有一個店員去為她服務，那些店員都擠在櫃檯的一個角落裏聊天，他們有說有笑，就是把顧客丟在了一邊。

華納梅克看到這種情況後，並沒有大聲責罵店員們沒長眼睛，而是悄悄地走進櫃檯親自接待了那位顧客，一聲不吭地把顧客要買的東西交給了店員去包裝，然後離開了商店。事後，只顧說笑的店員完全沒有怨恨地去改正了他們的錯誤。正是由於他們的上司在提醒錯誤的同時，同時使他們保住了自己的面子，當然他們也應該給上司一點面子，要把自己的工作做好為止。

人世間都是講究以恩報恩，以怨報怨的，那麼與其傷朋友的面子，當然不如給他一個面子，讓他欠你的人情，他回報的面子肯定會大於你給他的，也就是「滴水之恩，湧泉相報」，甚至今生不能報的話，來生做牛做馬也要報。

為什麼給人面子，比翻臉好呢？

一、無論恩仇，都要回報，因為，老子早就說「來而不往，非禮也」，不但要回報，而且回報的級別，往往大於給予者。

二、有恩報恩、有仇報仇，這叫「以牙還牙，以眼還眼」，是人際關係常見的一條準則，所以與其跟人結怨，不如多結善緣，對自己的人生會比較有益。

第4章

給自己的聰明留點「愚蠢」的空間

聰明反被聰明誤，就是一句警句良言，
它時刻告誡著人們：不要聰明過頭，不要自以為聰明，
不要不懂得為自己的聰明留一點「愚蠢」的空間。

22、不把事情做的「過度」，是一門人生必修學分

◎做人何必把自己逼到牆角。
◎給別人留餘地，就是給自己留餘地。
◎懂得替人著想，會獲得別人對你的感恩。

著名的唯心主義哲學家、教育家蘇格拉底曾經說過：「一顆完全理智的心，就像是一把鋒利的刀，會割傷使用它的人。」在這個世界上，沒有完全絕對的事情，就像一枚硬幣一樣具有它的兩面性，這就告誡我們做人做事都不要太絕對，要給自己和他人留有餘地。

鋪築路面，每到一定的距離，便要留下「餘地」，以免路面發生膨脹；建築樓群，要留有一些空地給綠樹，給陽光，給花草，給空氣；書面的「留白」，是給讀者留下廣闊的想像空間；含蓄表揚，是給人留下繼續進取的餘地。保護隱私，是給

心靈留一份隱秘的餘地；保守批評，是給人留下改過自新的機會；而如何留有餘地，不把事情做「過度」，使之有空間有時間去領悟、去思索、去創新，則不僅是一種方法，更是一種智慧。

成熟的人應有的待人處事「溫度」

留有餘地只是一個很小的細節，但卻能決定成敗。汪中求在《細節的魅力》中寫道：「一心渴求偉大，偉大卻了無蹤跡，而甘於平淡，認真地做好每個細節，偉大卻不期而至，這就是細節的魅力，是水到渠成後的驚喜！」給自己和別人留有一絲餘地吧，不要總把事情做的「過度」。

三國時期，蜀軍大舉南征，諸葛亮問馬謖怎樣才能平定南蠻造反。馬謖說蠻人反覆無常，必須令其心服才行，諸葛亮覺得這話很有道理。

諸葛亮七次生擒孟獲，最後卻又放了他。有人會說，他傻，費了那麼多的時間和精力才抓到了他，最後卻「放虎歸山」！

但是，如果仔細想想，就會覺得他不傻，諸葛亮不僅給自己留下了餘地，同時也給了孟獲一條退路，深諳用人之道的諸葛亮知道，要想讓一個人才，心甘情願地為國效力，就要讓他心悅誠服地降伏。

果然，在第八次擒住孟獲後，他終於甘心歸降認輸，當最後一次諸葛亮要放孟獲回去時，孟獲便不肯走了，而且說：「公，天威也。南人不復反矣。」這樣一來，不但南中叛亂被很快平定，而且諸葛亮不留一兵一卒，南中社會仍能保持安定。更有意思的是，孟獲其人在後來也擔任了蜀漢的御史中丞，孟獲手下的一些將領還參加了諸葛亮領導的北伐，諸葛亮也留下了一段傳世的佳話。

佛家有「心善如水」一說，著名作家劉墉曾在他的書中寫道：「人們往往驚異於太陽的熱力，而腳下的大地卻有著更令人驚奇的熱量。天沒暖，大地先暖，所以許多的花才能破冰雪綻放；人情不暖，內心先暖，所以我們能夠在塵世做一劑清流。」一個心地善良的人，往往能替別人考慮，因此，也時常為他人留下餘地，也許他會因為這樣而失去一些名利或財物，但他卻獲得了比金錢更重要的東西─對方的感恩！

就像蘇格拉底所說的，太過理智反而不是一件好事，生存於這個世界，所追求的不僅僅是人生的價值、巨大的財富和美麗的容貌，還有更重要的家人、朋友和愛人。

如果一個人總是過於理智地去處理他身邊的每一件事，縱使他得到了他想要的，同時他又會失去更為重要的，後者的價值顯然是無法與前者相提並論的。試著用感性一點的辦法去對待身邊的問題吧，這不會讓你損失掉什麼，相反地，你甚至有可能會收穫一份別人無法獲得的幸福！

為何不能把事情做的「過度」？

一、民間俗話說得好：「內距宜小不宜大，切忌雕刻是減法」、「留的肥大能改小，唯愁瘠薄難厚加。」雕刻如此，做衣如此，做人做事也是如此。

二、無論是做人還是做事，都不要把事情做的「過度」，不把事情做的「過度」，是一種美德，是一種智慧，是一種做事的態度。

23、凡事懂得留有餘地，才不會找不到下台階

◎當你伸手打了別人耳光的同時，也打了自己的耳光。
◎你認為不對的東西，不一定都是不對。
◎不要把話說的太滿，為自己預留一個下台階。

人生在世，不要試圖使某一事物沿著某一固定方向發展到極端，而應該在發展過程中充分認識，冷靜地去判斷各種可能發生的一些事情，以便能有足夠的條件和迴旋餘地，採取機動的應變措施。

世界是複雜而多變的，不論誰都不應該僅憑一家之言和一己之見，自以為是地為某件事做出決定，即便是某些自以為擁有超高智慧的人，也應該為自己留下一片餘地，以供自己有迴旋的空間，否則，就非常容易讓別人抓住自己的把柄。

成熟的人應有的待人處事「溫度」

《菜根譚》說：「路留一步，味讓三分。」這句話就是告訴我們：路徑窄處，留一步於人行；滋味濃的，減三分讓人嚐。要給人留有餘地，多為他人想想，這是一種美德，是一種每個人都必須要遵循的方向。

十八世紀九〇年代的某一天，在法國的一個小城盧里亞克，一塊巨石從天而降，巨大的響聲把居住在這裡的加斯可尼人嚇了一大跳。尤其令人驚異的是，這塊石頭把加斯可尼人教堂旁邊的屋子砸了一個大窟窿。市民們目睹了這一切，紛紛認為這塊破壞了他們寧靜的怪石，絕對來歷不明。

而且，他們以為這塊石頭可能還會飛上天去，為了防止它「逃走」，就給巨石鑿了個洞，用鐵鏈鎖起來，然後把鐵鏈鎖在教堂門口的大圓柱上。最後市民們又透過決議，要寫一封信給法國科學院，請求派科學家來研究這塊怪石。盧里亞克市的市長證實了市民們在信上所寫的事實，並且還在上面簽了自己的名字，同時還派專員把這封信送往巴黎。

當巴黎的法國科學院的人員宣讀盧里亞克這封來信的時候，突然有人在人群當中爆發出了一陣哄哄的笑聲，有的人甚至笑得前仰後倒，還有人連眼淚都笑出來了，有些科學家帶著嘲笑的口氣說：「哈哈，加斯可尼人是最愛吹牛皮的，今天他們向我們報告天上落下巨石，過幾天他們還會來報告天上又掉下五噸牛奶，外加一千塊美味的帶血牛排……」

在笑夠了之後，他們以科學院的名義做出了決定，對加斯可尼人的撒謊和盧里亞克市市長的愚蠢表示遺憾，同時號召所有有智慧的人，千萬不要被這樣荒誕不經的報告所迷惑。後來，經過一些科學家們的認真而又謹慎的實地調查，最終確認那的確是一塊從太空中掉下來的隕石碎塊。

對於這樣的事情，到底是誰有科學頭腦，是誰更愚蠢、可笑呢？歷史已經為我們做出了公正的答案。

對於那些不給自己留有一定餘地的人在嘲笑了別人之後，豈知，也把自己的短見暴露給了別人，在伸手打了別人耳光的同時，也打了自己的耳光。

總之，我們不論是說話還是辦事都要做到留有餘地，千萬不要把事情做「過度」，這樣自己才會行不至於絕處，言不至於極端，有進有退、收放自如，以便日後更能機動靈活地處理事務，解決複雜多變的問題。

同時也要懂得給別人留有餘地，不論我們在什麼樣的情況下，都不要把別人往絕路上推，如果能夠做到如此，那麼事情的結果對雙方都是非常有好處的。

做事為何必須為自己留一些餘地？

一、世上的事情總會有那麼一點的意外，要學會留有一定的餘地，就是為了去容納這些所謂的「意外」。

二、杯子留有空間，就不會因為加進去的其他液體而溢流出來；氣球留有空間便不會爆炸；人說話、做事留有餘地，便不會因為「意外」的出現，而讓自己下不了台。

24、用你最擅長的優勢來扭轉劣勢

◎做事情要有長遠打算，要徹底地做到未雨綢繆，讓自己有事先準備的空間和時間。

◎你必須學習「第二專長」甚至是「第三專長」，讓自己擁有立於不敗之地的空間。

春秋時期，馮諼是齊國孟嘗君門下的一個食客，很懂得深謀遠慮。一天，孟嘗君命他到自己的封地薛地去收稅款。

馮諼出發之前問孟嘗君：「收了稅款之後，要買些什麼東西回來？」

孟嘗君回答道：「看看家裏缺少什麼，隨便帶點什麼吧！」

馮諼到了薛地以後，對於能夠交得起稅款的人就按規定收稅，交不起稅款的人就當場免去了他的稅，借據也當場燒掉。老百姓非常高興，齊呼「孟嘗君萬歲！」，發誓以後一定要好好效忠孟嘗君。

馮諼回來以後，把事情的經過向孟嘗君如實稟報，並告訴孟嘗君他收回來的是老百姓的心，比稅款要高貴得多。孟嘗君聽了馮諼的話，儘管十分氣憤，然而木已成舟也只好作罷。

過了一年之後，孟嘗君被齊王罷免了職務，滿懷失意地回到薛地。令孟嘗君驚訝又感動的是，薛地的老百姓竟然夾道歡迎他回來，這使孟嘗君受傷的心靈得到了撫慰，他最後終於明白了當初馮諼的舉動是多麼充滿智慧。

馮諼對孟嘗君說：「公子，不要高興太早。現在，薛地已經成了你的根據地，然而這遠遠不夠。俗話說：『狡兔三窟』才能保全性命，公子現在只有一個巢穴，應該儘快挖掘出另外兩個，方可稱為上策。」

孟嘗君深深地感覺到馮諼說得的確有理，因此，也就派他去辦這件事。

馮諼去見了魏惠王，在魏惠王面前將孟嘗君大肆吹噓了一番說：「如此傑出的人物，如果哪個國家能夠重用他，一定能夠馬上繁榮起來。」

魏惠王相信了馮諼的話，決定任命孟嘗君做大將軍。齊王聽到消息後，心想像孟嘗君這樣的人才，怎能落到別國人的手裏，因此，他便馬上派使者把孟嘗君重新請回來，任命他做宰相。

同時，馮諼還勸孟嘗君：「現在請齊王把他祖先的宗廟建到薛地。」齊王的宗廟建好了之後，馮諼高興地對孟嘗君說：「公子現在擁有齊、魏、薛三個根據地，可以高枕無憂了。」後來，孟嘗君果然一生都過著十分安定的生活。

馮諼替孟嘗君所擘畫的「狡兔三窟」之策，實際上就是為孟嘗君的自身留了一條後路，也就是為孟嘗君預留了餘地，亦就是即使孟嘗君失勢，仍然可以退居封邑，從而保住自己的財產性命。

成熟的人應有的待人處事「溫度」

知名生理學家弗里奇說：「機遇只偏愛那些有準備的人。」當你選擇了一條路的時候，是否還在為第二條路、第三條路做準備？你準備好了嗎？

馮諼的故事告訴我們：做事情一定要有長遠打算，要做到未雨綢繆。人們常說：「有時常思無時」、「有備無患」也都指的是這樣的道理。

我們仔細地想一想，是否為自己的將來做過一些準備呢？

如果你什麼也不去做，只是一味地擔憂，抱怨的話，那麼可悲的命運就自然會降臨到你的頭頂上。

相反，如果你一直在為自己今後的生活做準備，做長遠的打算，那麼你就不會為以後的生活而感到害怕了，因為，你早已經準備好了應對的方法。

未來的社會並不是沒有機遇，也不是機遇變少了，而是人們對生活的品味升高了。過去，我們提倡要「做一行，愛一行，專一行」，現在社會已經需要我們「做一行，愛兩行，學三行」了，也就是只有多學習各方面的知識與技能，培養自己的「第二專長」，甚至是「第三專長」，讓自己在職場跟孟嘗君一樣「狡兔三窟」，才能在未來社會激烈的競爭當中，讓自己擁有立於不敗之地的空間。

「利不可賺盡，福不可享盡，勢不可用盡。」是什麼意思？

一、這句俗話所說的就是我們在做人做事的時候，要給自己留出一定的餘地，以備不時之需。

二、要想在競爭激烈的環境裏很好地生存下去，那麼做事就必須要留有餘地，其實，每個人在給他人留有餘地的同時，也為自己留下餘地。

25、退一步不只給別人生存空間，也給自己喘息的時間

◎「不留餘地」就像是一把雙面刃，用好了雖然可以傷敵，若失手則會傷己。
◎人若想在社會上站穩腳跟，就必須要使自己腳底下的空間，寬闊一些。

清末時期的重臣曾國藩是一位十分善於包容別人的人，他主張為人處世要「舉止端莊，言不妄發」，在待人接物的時候，多為對方留出一點餘地。

對於身處廟堂高位的曾國藩來說，其四周趨炎附勢之徒一定不會少，也不乏有熱衷於宦途，卻又故作清高的所謂「大儒」。然而，曾國藩卻依然將他們接納下來，備加禮遇。

當時，許多人都對曾國藩如此的舉動感到十分不解，其中便有一個叫李鴻裔的年輕人，雖然多次向曾國藩諫言，曾國藩卻依然如故，並不多加解釋。

一日，李鴻嵡在曾國藩的文案上看到一名大儒寫的一篇文章《不動心說》，文中為了標榜自己的清高，寫了這麼兩句：「將吾置於二八佳人之側，問吾動好色之心否乎？曰：不動；又使吾置於紅藍大頂之旁，問吾動高爵利祿之心否乎？曰：不動。」

李鴻嵡為了譏諷這個言不由衷的大儒，信筆在文章的後面題道：「二八佳人側，紅藍大頂旁，知心都不動，只想見中堂。」題罷之後，便揚長而去。

當晚，曾國藩看到了這篇文章和李鴻嵡所題的字，立刻命人將李鴻嵡召來訓之：「雖然這些人多為欺世盜名之徒，言行不能坦白如一，但他們之所以還能夠獲得豐厚的待遇，憑藉的正是這些虛名。可是你一定要揭露他們，使他們失去了衣食的來源，那麼他們對你的仇恨，絕對不是言語之間就可以化解的，那麼你不是自取禍端嗎？」

李鴻嵡聞聽此言之後，不禁汗顏，終於明白了曾國藩如此做的意圖，從此之後，便開始注重「內斂」。

人的腳所踏踩過的地方，不過幾寸大小，可是在咫尺寬的山路上行走時，很容易跌落於山崖之下，道理很簡單，那就是因為腳的旁邊，已經沒有了餘地。

成熟的人應有的待人處事「溫度」

中國四大古典名著之一的《紅樓夢》中有這樣一句話：「身後有餘望縮手，眼前無路想回頭。」意思是說人們風光時，凡事要留下餘地，否則，一旦身陷困境，想回頭就難了。

對於喜歡「仰天大笑出門去」的年輕人來說，謹言慎行，多為對方留下一些餘地，對於為人處世是很重要的。餘地是相互的，留給別人的同時，也留給了自己。

每天上下班交通高峰時，公車總會出現混亂，雖說車廂中間原本還有很大的空間，但先上車的人站在門口，卻沒有為後面的人留下餘地，不肯向裏面挪動一步，後面的人因為趕時間，緊抓車門，吃力的往裏面擠，結果，車門關不上了，大家誰也走不了。如果前面的人多走一步，為後面的人留點餘地，大家既可以很快的上車，也不會耽誤時間，豈不皆大歡喜？

有時，留有餘地也要講究分寸，餘地留的過多就是保守了。

三國時的諸葛亮伐魏時，為了給自己萬一兵敗留下餘地而取道祁山，結果六次皆敗，最後飲恨五丈源。假如他能聽取魏延的意見，冒一次險取道四川，也許歷史上「三國歸晉」的說法將會被改寫。

秦朝末期項羽的楚軍滅秦時，項羽沒有給自己留下一分餘地，渡河後破釜沉舟，燒廬舍持三日糧。結果這正激發了戰士們的鬥志，大家奮力一搏，一舉將當時不可一世的秦帝國打的一敗塗地，最終宣布了秦朝殘酷統治的結束，楚霸王也就一戰成名。

由此可見，我們凡事應多思考，留一些餘地，這樣不僅是為他人留下餘地，同時也為自己留下轉圜的空間，不過「餘地」這個分寸的拿捏，還是需要我們自己掌握，也就是拿捏的好，就會變成最後滅秦的項羽，拿捏的不好，即會成為最後飲恨五丈源的諸葛亮。

俗話說：「做人留一線，日後好相見」。是什麼意思？

一、意思是我們做事時，應給人留下餘地，這樣不只是為別人留下了餘地，更為自己留下了餘地。

二、相反，如果我們做事不留餘地，那麼以後遭殃的也許是我們自己。

26、腳下有餘地，才能讓自己「進可攻、退可守」

◎不論做什麼事情都要為自己留下一定的餘地，這樣才能立於不敗之地。
◎話不可說滿，事不能做絕，給自己留餘地，才能進退自如，才有足夠迴旋空間。
◎所謂天無絕人之路，就是說上天都會為每個人留有一定的轉機，留有選擇的餘地。

「不留餘地」，很輕描淡寫的四個字，卻透露出一種殺機。

有一個非常有趣的故事，內容大概是說，在森林裏居住著許許多多的動物，狼算是其中最狡猾的。有一天，在山腳下有個洞，各種動物都由此通過，狼非常高興，牠心想，守住山洞就可以捕獲到各種的獵物。

於是，牠堵上洞的另一端，等待動物們來送死。第一天的時候，有一隻山羊經過，狼趕忙追上前去，山羊拚命逃竄。突然，山羊找到了一個可以逃生的小偏洞，便從小偏洞倉皇逃竄，狼很生氣的把小偏洞堵死了，心想，下次就再也不會功敗垂成了吧！

第二天，有一隻兔子路過，狼連忙起身奮力追捕，結果，兔子找到了洞的側面更小一點的洞，並從小洞口逃生。於是，狼又把類似大小的洞都堵上，還心想，這下子別說山羊，就是與兔子大小個頭接近的狐狸、雞、鴨等小動物也都跑不掉。

第三天，跑來了一隻松鼠，狼馬上飛奔過去，追得松鼠上竄下跳。最終，松鼠還是從洞頂上的一個通道跑掉。狼為此非常氣憤，於是，牠一氣之下堵塞了山洞裏的所有窟窿，把整個山洞堵得水洩不通，堵完後，還對自己這個「萬無一失」的措施非常滿意。

然而，在第四天的時候，突然來了一隻老虎，狼嚇壞了，拔起腿來就跑。老虎當然也窮追不捨，而狼在山洞裏面跑來跑去，可是苦於沒有出口，以至於無法逃脫，最後，這隻狼被老虎吃掉了。

上述這個故事，主要是在告訴我們，人生最大的智慧就是凡事懂得留有餘地，如果你不給別人留有餘地，自己也將沒有了出路。

成熟的人應有的待人處事「溫度」

如果碰到南牆也不回頭，那只能算是愚蠢的執著，只能說是笨拙地執迷不悟，是一種極其危險的行為。

做事為自己留點餘地，也是解脫自己的一種方式。有些時候，為了一件毫無意義的小事，雙方爭論得面紅耳赤，這個時候，只要有一個人懂得說一句「開個玩笑嘛，何必當真？」這就完全可以熄滅雙方的「戰火」，最後，誰也不會因此而受到傷害，大家依舊和以前一樣友好。

「留有餘地」也可稱作是一種修養，是完善自我的一種方式，把話講得有些彈性，讓別人聽起來感到舒服，做起事來有一個靈活的安排，從而輕輕鬆鬆的做人，坦誠地和別人相處。

在韓非子的《說林．下篇》一書中有這樣一句話：「刻削之道，鼻莫如大，目莫如小，鼻大可小。小不可大也，大不可小也。舉事亦然，為其不可復也，則事寡敗已。」

上述這段話的白話意思就是說，工藝木雕所需要注意的要領，首先在於鼻子要大，眼睛要小，因為，鼻子雕刻大了，還可以改小，如果一開始便刻小了，那麼以後想要改大，就沒有什麼辦法能夠補救了。同樣的道理，初刻眼睛的時候要小，小了還可以加大。如果剛開始雕刻時，就把眼睛弄的很大，那麼後面也就無法縮小了。

俗話說得好：「家有餘糧，日子好過；日有餘用，生活安逸，達則兼濟天下，窮則獨善其身。」這句話告訴我們，享受人生，要懂得留點餘地，制定計畫，同樣也需要留點餘地。

流水有迴旋的餘地，才會減少災難；江河有漲落的餘地，才不至氾濫成災，留有餘地，才能萬事做到均衡、對稱與和諧。總之，人在社會，無論是做人還是做事，都要學會留有餘地。

為什麼書畫家在進行創作時要懂得「留白」？

一、編輯進行版式設計，要懂得「留白」，印刷書籍也要留有相應的空白。留白，是為後面的路留點餘地，給觀賞者或者讀者留一些「想像」的餘地。

二、為人處事也是同樣的道理，凡事要留有餘地，留有後路，只有做到如此，才不至於使自己遭遇到重大的失敗。

27、不要把事情做的「過度」或不夠，要做到恰到好處

◎做人做事恰如其分，不要過度悲觀，但也不能過度樂觀。
◎無論做事還是做人，要把握好分寸，不能過頭，也不能不到位。
◎做人做事像時鐘一樣，重點不是走得快，而是要走得準。

在人的一生當中，最難把握的兩個字是「分寸」。做事做到恰到好處，是人生的最大學問。因此，我們做人做事都要做到恰如其分，把握好了做人做事的分寸，在一定程度上講，也就是把握住了自己的命運。

顓孫師和卜商君是子僵平時最敬重的人，有時竟分不出哪個更令自己敬佩一些。有一天，子僵向老師孔子求教，他問：「顓孫師和卜商君哪個更好些呢？」孔子說：「顓孫師做事好到過分，卜商君做事常常達不到本來的要求。」

子僵說：「您這麼說，是顓孫師好些了？」

孔子說：「過分和達不到是一樣的，做事恰到好處，才是最好。」

做事情，不是做過了頭，就是做的不到位，而且不明白自己究竟錯在哪裡，這在我們的生活中並不少見。其實，這裡的全部奧妙就在一個「度」上。「度」是事物合理存在的內部規律，人的想法只有符合了它的要求，才是正確的。

要達到「度」的要求，並不是件難事，只要在掌握必要知識的基礎上反覆實踐，「度」也就在你的手中了。

古人說過一段話，譯成白話是這樣的：做任何事情都應該為自己留下幾分餘地，不要把事情做絕，這樣造物主就不會忌恨我，鬼神也不會傷害我；如果事業上「過度」要求完美，功業上要求登峰造極，那麼即使其內不會發生內亂，也必然為此而招來禍患。

成熟的人應有的待人處事「溫度」

在樹與樹之間，留有間隔，才能長的茂盛粗壯，人與人之間，保持一定的距離，才能避免雙方之間的摩擦與糾紛。

古人云：「滿招損，謙受益。」，一個高潮的到來預示著一個低潮的即將開始，在追求事業與功業盡善完美的同時，你有可能就會發現許多不足與遺憾。從另一個角度講，功業不求滿盈，留有餘地，也是一種處世的方法，比如錢財的累積，求多求盡，有可能讓自己成為守財奴。

一百多年以前，西方曾經流傳過這樣一個帶有幾分幽默給人啟示的故事：

一艘輪船觸礁之後，在海上漂泊了很長一段時間，供給馬上就要耗盡，仍然不見其他船隻的蹤影。眼看著得救無望，船上的人不免著急。這時一個悲觀的船員陷入絕望之中，他驚恐萬分，總是高聲叫嚷，這一下子我們大家全完了，誰也活不成了，我們早晚都要被魚吃掉。

這個悲觀者一天要嘮叨好幾次，終於引起了公憤，被惹怒的眾船員七手八腳把他丟進了大海！悲觀者死後，這個面臨危難的輪船並未得到預期的平靜，因為這時又出現了一位樂觀者，重拾喋喋不休的鼓噪，只不過他叫嚷的全是樂觀的話題，比如他說，我們一定會得救的，因為我們還有幾十塊餅乾，而一塊餅乾可以維持一個人一週的生命……眾船員發現，聽這種樂觀的鼓噪心情顯得更加的糟糕，因此，把這位樂觀者也和前一位悲觀者一樣丟進了大海。

這樣，輪船才恢復了寧靜，沒有了那兩個討厭的傢伙，到了後來輪船終於得救了。

這個故事，事隔了多年卻仍然在人們的心中鐫銘不滅，主要的原因是這個故事透過幽默的誇張，說出一個聽後人人皆能接受、而不聽則很難全察的道理。

這個道理就是生活中存在一個把握分寸的問題，處理的好，能使生活和諧圓融，處理的不好，縱然不至於被「丟進大海」，也一定會導致不良的結果，輕則受到謾罵，重則自毀口碑，或者使之功敗垂成。

該如何在日常生活中把握分寸呢？

一、從本質上看，在生活中掌握分寸是一個自律問題，自律者，自我約束也。

二、不論做什麼事情，都應該做事前三思而後行，考慮周全之後再行動，做到如此才算是恰如其分，才能避免引起麻煩或後患。

28、給自己的聰明留點「愚蠢」的空間

◎聰明過頭，不給自己的聰明留點「愚蠢」的空間，反而是一種真正的愚蠢。
◎自以為聰明的人，不讓自己有出錯的空間，因此，才會讓自己活得這麼累。

一般來說，過於聰明的人並非是快樂的，其中最主要的原因就是對於同樣的事情，這些人常常會考慮得更多一些，不懂得為自己留點喘息的空間。

通常，那些具有過目不忘本領的人，他們在做決定那一刻往往顯得無所適從，因為在這個瞬間，他們腦子裏至少已經考慮到了幾十種不同的情況，然後又要同時在這幾十種資訊裏權衡利弊，以期望得到一個最佳方案，讓大腦不得不進行超過負擔的運轉，連一點休息的時間都沒有。

聰明人之所以不快樂，另一個原因就是他們常常能夠更加透徹地發現自身的缺

點，由於聰明人對自身的高標準要求，使得他們傾向於更加苛刻地對待這些缺點，絲毫都不讓自己有出錯的空間，因此，才會讓自己活得這麼累。

開創北宋一代詞風的蘇軾，其詞雄渾豪放，他的作品《念奴嬌．赤壁懷古》寫「大江東去」，氣魄宏偉，成千古絕唱，至於琴棋書畫，也無一不通，以才氣而論，譽其「前無古人，後無來者」亦不為過。

可是這位聰明絕頂的奇才，卻終生坎坷，屢遭貶謫，平生抱負，盡付東流，他的遭遇固然與政見不合，於當道有關，但何嘗不是他聰明自誤所致？

蘇軾在總結自己坎坷一生的教訓時，很懊喪地嘆息說：「人皆養子望聰明，我被聰明誤一生。」

史書上記載，蘇軾有一天下朝後，兩手撫摸著自己的便便大腹問家人：「這裏面是什麼呢？」有的說是滿腹文章，有的說是滿腹機關，只有他的愛妾王朝雲一語道破：「一肚子不合時宜」。

蘇軾長嘆一聲：「知我者，朝雲也。」這話的意思就是說，連他自己也明白，「不合時宜」，也就是無法給自己一點跟現實妥協的空間，是他一生坎坷的主要癥結。

成熟的人應有的待人處事「溫度」

聰明反被聰明誤，就是一句警句良言，它時刻告誡著人們：「不要聰明過頭。」

常言道：「識時務者為俊傑。」蘇軾在政治上一輩子都不識時務，不懂得見風轉舵，因為，蘇軾一貫自恃聰明，誰當權他就反對誰，只要不符合他的意思，就堅決反對，一點妥協轉圜的空間都沒有，也就是王安石推行變法，他反對；司馬光上台復舊，他也反對；程頤、程顥提出新的理學觀念，他也反對……。

當然，他反對人家自有他的理由，有些意見可能是正確的。然而，不分青紅皂白，為表現自己與眾不同，有獨到的見解，鑽牛角尖，便積怨眾多，四處樹敵，一生多有波折和磨難。

蘇軾的人生厄運，真的與他過於自信，不肯接受別人的意見沒有關係嗎？儘管他的出發點是好的，但往往因為方法上過於簡單直白，沒有任何迴旋空間，導致後來遭人嫉妒、陷害，幾度入朝，反覆被貶，都與此脫離不了關係。

歷史上，因為恃才傲物而斷送性命的人，早已有之，更可悲的是這些人至死也不知道自己死在自己手裏。

清朝才子紀曉嵐在他的《閱微草堂筆記》裏寫了這樣一個人物：這個人讀了一本兵法書，便以為自己能當將軍，真叫他領兵去剿滅一股土匪時，卻被土匪打得一敗塗地；這個人又讀了一本水利方面的書，便吹噓自己是治水專家，當真叫他負責去治理洪水時，他自己差點被洪水淹死……。

後來上司震怒，綁赴法場，其人嘆曰：「古人誤我。」

試看蘇軾的自嘆和這人是否相似？都是自以為聰明，但都因為不懂得為自己的聰明留一點「愚蠢」的空間，最後反而讓自己「聰明反被聰明誤」。

該如何在日常生活中把握分寸呢？

一、從本質上看，在生活中掌握分寸是一個自律問題，自律者，自我約束也。

二、不論做什麼事情，都應該做事前三思而後行，考慮周全之後再行動，做到如此才算是恰如其分，才能避免引起麻煩或後患。

第5章

拿一個台階給人下，自己也能順勢往上爬

在日常生活中，最要緊的一點是千萬不要傷害別人的尊嚴，
同時注意替別人保守秘密，要學會給別人一個台階下，
也就是讓別人有下台階的餘地，我們自然也就有了走上台的空間。

29、懂得為「聰明」留點餘地，才能將聰明轉化成「智慧」

◎ 懂得給自己留一點失敗空間的智慧，才是邁向成功的關鍵。
◎ 以智慧來促進實踐，在智慧的基礎上行動，才能夠事半功倍。
◎ 再聰明的人也有短處，再愚笨的人也有一個特長。

有句古話說得好：「知易行難」，意思就是說懂得道理非常容易，付諸行動卻十分困難。許多聰明人喜歡「眉頭一皺，計上心來」的瀟灑，但是，他們通常只限於「頭腦風暴」，而不善於與人打交道，因此，通常會顯得剛愎自用，最終讓自己「聰明反被聰明誤」。

對於一個真正聰明的人來說，往往懂得把「聰明」轉化成「智慧」。

在現代企業管理中，無數次商場上的起起落落，似乎都證明了這個普遍的真理：很多人，他們有著最聰明的頭腦，有著最敏銳的商業嗅覺……但是，有了這些素質的人，卻不一定是最後的成功者。

這是一個奇怪的現象，但事實卻是如此。有人曾這麼界定「聰明」的涵義，也就是一個人的智商如果高出普通人的正常值，這樣的人就可以說是一般人常說的「聰明人」。

但是順著這個邏輯，我們會發現大部分成功的企業家，並不是那些一般人認為的「聰明人」，相反，他們有很多曾經還是放牛班的學生。

有個統計數字顯示，大部分成功企業家當中最多只有不超過一〇%的人的智商超群，其餘九〇%的智商絕對只是普通人水平，但是，他們卻成功了。

我們或許還能夠回想起跨國企業中一些流星般的人物，他們嗅覺靈敏，腦筋活絡，比如說，他們能夠在美國的智慧型手機尚未全面佔領市場之前，率先推出自有的手機品牌，以此贏得市場轟動……可是今天這些人又在哪裡呢？有的失敗了，有的很失意……

雖然說聰明不是什麼壞事情，但它也有可能變成壞事。一個人的聰明只是基礎，我們必須透過實踐去把聰明轉變成智慧。

轉變的前提是，你必須先退一步，也就是不要一味地以為自己很聰明，然後，用最笨的方法，用自己的身體力行，做最踏實的事情，以營造一個讓自己的聰明轉化成智慧的空間。

成熟的人應有的待人處事「溫度」

聰明不是錯，更不是罪，關鍵是運用好自己的聰明，這樣，才能為自己的人生錦上添花，而不會讓它成為美麗的包袱。

在電影《阿甘正傳》中，主角是一個名叫阿甘的美國青年，他的智商僅有七十五，連上小學都顯得十分困難，但是在平時，他可以說是做什麼都成功：長跑、打乒乓球、捕蝦，甚至愛情。

最後，他成為一名成功的企業家，而那些比他聰明的同學、戰友卻沒有獲得成功，這或許是對聰明的一種嘲弄。

阿甘經常會說這樣一句話：「我媽媽說，要將上帝給你的恩賜發揮到極限。」

這說明了一種成功的理念：成功就是將個人的潛能發揮到極限。

阿甘之所以會成功，從某種意義上說，拜賜於他的輕度弱智、不懂得計算輸贏得失，他唯一做到的就是給自己一個簡單堅持，認真做事、傻傻執行的空間。

然而，在一般情況下，企業中缺的不是「聰明人」，而是像阿甘那樣的「傻子」。聰明人遇到問題總是怨公司、罵上司，算計著要有一分收穫才肯一分耕耘，沒多少收穫便不肯耕耘了。

殊不知，很多事情的前期是十分耕耘，三分收穫，後期才是三分耕耘，十分收穫。

阿甘並不是真的愚者，真的愚者是那些羞辱欺負他的「聰明人」。

阿甘的成功方法只有一個，那就是不計成本的努力。他成功的秘訣就在於他的「單純」或者說「執著」，以及經常給自己一點失敗的餘地。

我們或許都比阿甘聰明，可是我們都不能夠專注於一件事上，雖然做了很多事，卻常常失敗。

阿甘知道自己的不足，但是他比別人專心，比別人不怕失敗，因此他成功了。

由此可知，懂得給自己一點失敗空間的智慧，才是帶領我們走向幸福人生的關鍵。

為什麼有人說「聰明反而是種阻礙」呢？

一、聰明人具有超人的智慧，但有時他們反而不能把握住事情的關鍵，那些不在意的疏忽，往往可能會造成大錯。

二、就算聰明也不要過頭，如果把事情做的「過度」，反而被聰明所誤。

30、給自己一點隱藏聰明的空間，才是真正的聰明

◎ 聰明「過頭」，將會使自己沒有任何旋轉餘地。
◎ 賣弄聰明不但使聰明變得「廉價」，有時還會帶來一些不必要的麻煩。
◎ 如果一個人總是耍小聰明，那麼就成了一種愚蠢的行為了。

在古代歷史中，很多聰明人都是由於聰明過頭，讓自己沒有轉圜的餘地，而招來殺身之禍。有才華的人都愛自恃聰明，又愛賣弄，且又執迷不悟，結果往往應了中國那句古老的格言：「聰明反被聰明誤。」

比如說最後成為荒丘野鬼的曹操的主簿楊修，也算聰明反被聰明誤的典型。

有一次，曹操派人建一座花園，當快要完工時，監造花園的官員請曹操來驗收察看。曹操參觀花園之後，一句話也沒有說，只是拿起筆來，在花園大門上寫了一個「活」字，便揚長而去。

見到這情形，每個人都摸不著頭腦，怎麼猜也猜不透曹操的意思。楊修卻笑著說道：「門內添『活』字，就是一個『闊』字，丞相的意思是園門太闊了。」官員立即重建了園門，改建完成後，又請曹操來觀看。

曹操一見重建後的園門，不禁大喜，問道：「誰明白了我的意思？」

左右答道：「是楊修主簿」。

成熟的人應有的待人處事「溫度」

有句俗話說，「是金子總會發光」，如果你是真正的聰明，那麼就不要總是在別人面前，過於「賣弄」自己的小聰明，而是要懂得留一點讓別人覺得自己不夠聰明的空間。

還有一次，塞北給曹操送來一盒酥，曹操沒有吃，只是在禮盒上親筆寫了三個字：「一合酥」，然後把它放在案頭上，就轉身步出門外。

這時正好楊修進來看見了，便堂而皇之地走向案頭，打開禮盒，把酥餅一人一口地分吃了。

曹操進來見大家正在吃他案頭的酥餅，臉色漸變，問：「為何吃掉了酥餅？」

楊修上前答道：「我們是按丞相的吩咐吃的。」

「此話怎講？」曹操反問道。

楊修從容地應道：「丞相在酥盒上寫著『一人一口酥』，分明是賞給大家吃的，難道我們敢違背丞相的命令嗎？」

曹操見又是這個楊修識破了他的心意，內心對楊修早已產生厭惡之情。但楊修以為曹操是真的欣賞他，因此，不但沒有任何的收斂，反而把心智都用在捉摸曹操的言行上，並不分場合地賣弄自己的小聰明。

最終，楊修在又一次的聰明中惹來了殺身之禍。在曹操自封為魏王後，曹操親自引兵與蜀軍作戰，戰事失利，進退不能。

當時曹操心中猶豫不決，不知道是進還是退。就在這時，廚子呈進一碗雞湯，曹操看到碗中的雞肋就有感而發，覺得眼下的戰事，有如碗中之雞肋：「食之無肉，棄之可惜」。

他正沉吟間，夏侯惇走進帳裏，稟請夜間口令。曹操隨口說：「雞肋！雞肋！」夏侯惇就傳令眾官，都稱「雞肋」。楊修聽見傳「雞肋」二字就讓隨行的軍士，各自收拾行裝，準備歸程。

有人報知夏侯惇，夏侯惇大驚失色，立即請楊修到帳中問他：「為什麼叫人收拾行裝？」

楊修說：「從今夜的口令，便知道魏王很快就要退兵回去了」。

「你怎麼知道？」夏侯惇又問。

楊修笑道：「雞肋者，吃著沒有什麼肉，丟了又覺得可惜。魏王的意思是現在進不能勝，退了又怕人笑話，但在這沒有任何好處，還不如早歸，明天魏王一定會下令班師回朝的，所以先收拾行裝，免得臨行慌亂。」

夏侯惇說：「您可算是魏王肚裏的蛔蟲，知道魏王的心思啊！」他不但沒有責怪楊修，反而也命令軍士收拾行裝。因此，寨中所有將領都在準備班師的事情。

當夜曹操心亂，不能入睡，就手按寶劍，繞著軍寨獨自行走。只見夏侯惇寨內軍士，各自準備行裝，他急忙回帳召夏侯惇入帳。

夏侯惇說：「主簿楊修已經知道大王想班師回朝的意思。」

曹操叫來楊修，問他怎麼知道？楊修就以雞肋的涵意對答。

曹操一聽大怒，說：「你怎敢造謠亂我軍心！」

不由分說，叫來刀斧手將楊修推出去斬了，把首級懸在轅門外。曹操逮到這個機會，殺掉了楊修，楊修最後也結束了自己聰明的一生。

為什麼楊修的聰明會把自己逼上絕路呢？

一、從故事中，可以看出楊修是非常聰明的，聰明到能猜透別人猜不透的許多事情。然而，從另一個角度看，他又是十分愚蠢的，愚蠢到不知如何保護自己的地步。

二、最糟糕的是，他又動不動就賣弄聰明，一點都沒有給自己隱藏聰明的空間，終究被曹操抓住了把柄，而這正是他的過分外露的聰明，使他成了刀下亡魂。

31、吃點虧是一種以退為進的智慧

◎ 暫時讓自己吃點小虧，是為了以後佔更大的便宜。
◎ 能夠做到「吃虧是福」，那是一種非常崇高的境界。
◎ 做人的可貴之處，就在於樂於吃點小虧。

很多人總以為吃虧的人是傻瓜笨蛋，不吃虧佔了便宜的人，才是聰明好漢，因此，大家誰都不想吃虧，都想方設法想佔別人的便宜。

但事實在許多事情上，總會有人吃虧，總會有人佔便宜，吃了虧的人知道自己吃了虧以後悶悶不樂，而佔了便宜的人知道自己佔了便宜之後趾高氣揚。

有些人暫時是佔了便宜，但是長久下去，最後還是會吃虧的，有些人暫時是吃了一些虧，但最後他卻佔了便宜。

比如說：有些人上班不好好工作，經常早退、遲到，工作也不努力，自認為是佔了便宜，可是一旦進行業績考核時，他最後因業務不熟悉，或者表現不好而被開除。雖然從前面一段時間來看，他可能是佔了便宜，少做了一些工作，也領到了與同事一樣的薪水，但是從長久發展的眼光想想，因為少做工作，而丟掉了飯碗，這就吃了大虧。

而他的同事們呢？雖說從前面一段時間來看，多做了一些工作，似乎是吃了虧，但因為工作表現出色，獲得了升職或加薪，因而他們實際上佔了便宜。

然而，對於前面一種人來說，是先佔了便宜，後吃了虧，而且吃了大虧，但對於後一種人來說，原先是吃了虧，但後來卻佔了便宜，而且是佔了大便宜。

因此，想要在最後佔大便宜，就必須要懂得給自己先留一點吃小虧的空間。

成熟的人應有的待人處事「溫度」

有位哲人曾說過：「吃虧並非是損失，吃虧是一種謙讓；吃虧是一種犧牲；吃虧是一種成全。」其實，做人是不能怕吃虧的，更不能損人不利己，自己主動地吃點虧，就常常能夠把棘手的事情做好，把很多困難的問題解決得妥妥當當。

在吃虧和佔便宜方面，人們常用的一句話是「吃小虧，佔大便宜」。也就是小虧可以吃，但是不能白吃，吃了虧以後的目的，是為了賺取更大的便宜。

某日，在一個吃到飽的自助餐廳裏，那裡的餐費是四百塊，小賈是一個不願吃虧的人，在吃飯的時候，也要算計著自己是否吃了虧。因此，他在內心琢磨著在餐廳花了四百塊，就要吃回四百塊的本錢來！吃多了就等於是賺到了，吃少了就認為是賠了。

於是，他邊吃邊算，喝了多少瓶飲料？吃了多少盤海鮮？為了不吃虧，一直到吃了五百多塊才放手，還美其名曰：今天賺了一百多塊，心裏還特別的高興，卻不料腸胃負擔太重，回到家中又是吐又是瀉，到最後又花了幾百塊醫藥費才讓身體康復。

我們都知道商人最重利，商人靠進出商品的差價來賺取利潤，賺取生活的資本，如果賠本吃虧，那麼商人將無法生存。俗話說：賠本的買賣沒有人做，也就是這個道理。

不過現代的商場如同戰場，有賺錢的人在，也有賠本的人在，對於一個商人來說，能否賺錢全靠自己懂不懂給自己留一點「賠錢」的餘地，因為只有這樣，自己才不會被一定不能賠本的「金箍咒」套住。

我們平常生活中還有很多與吃虧和佔便宜的事情有關，比如說，有人罵人了，被罵的人為了不吃虧，進而回罵，這樣你來我往，你一句，我一句，大家都是為了不吃虧，互相罵，罵無盡頭，到最後，罵贏了也沒有賺到多大便宜，罵輸了也沒有見到吃了多大的虧。而且，有些人非常好強，為了不吃虧，今天和張三鬥，明天和李四爭，爭來鬥去，把自己的情緒鬥壞了，把自己身體鬥壞了，到最後表面上來看是沒有吃虧，但是實際上把健康的「本錢」都給鬥完了，最後還是吃了大虧。

因此，為了讓自己在最後真的不吃虧，我們必須懂得給自己留一點「吃虧」的空間。

古人常說「吃虧是福」，是什麼意思？

一、「吃虧是福」是古人對於吃虧的理解，這句話很值得我們回味，這也是一種處事的智慧。

二、不在乎一時一刻的吃虧，著眼長遠，正是一種大智若愚的表現，不得不讓人為之驚嘆！

32、給自己留點吃虧的空間，才不會吃大虧

◎不在乎自己吃虧的人，能夠讓人們覺得他有肚量，而加以敬重。

◎吃小虧者，眼前只是一時的失去；而吃大虧者，失去的卻是長久的。

有時候，有些收穫似乎從天而降的，但如果仔細想想，其實是以前付出的一種回報。相對於那種從收穫中得到的從天而降的喜悅，對於眼前的付出、損失又算得了什麼呢？

西漢時期，有一次在快要過年的時候，皇帝一高興，便下令賞賜給每位大臣一頭羊。羊有大有小，有肥有瘦，一名負責分配羊隻的大臣看著這群羊，不由的覺得為難，不知道如何分配，才能讓每一位大臣都滿意。

正在他束手無策的時候，其中的一名大臣從人群裏走了出來，說：「這批羊很

好分配。」說完，他就牽了一隻瘦羊，高高興興地回了家。眾位大臣見了，也都紛紛仿效，不加挑剔地牽了一頭羊就走……

而那名帶頭牽走瘦羊的大臣不僅得到了眾大臣的尊敬，同時也得到了皇帝的器重，對於這名大臣來說，吃虧難道不正是福嗎？

美國前國務卿鮑威爾，年輕的時候在一家汽水工廠當雜工。除了洗瓶子外，老闆還要他擦地板，在廠裏幫忙打掃環境。

鮑威爾幹這些活十分認真，也十分爽快，從不出差錯，從不發牢騷。一次，有人在搬運產品時，打破了五十瓶汽水，弄得場裏一地都是玻璃碎片和一堆泡沫。按照常理，老闆應讓打碎瓶子的工人把這塊地方打掃乾淨。但為了節省人工，老闆卻指示做事俐落的鮑威爾去清掃。

鮑威爾原本可以理直氣壯地加以拒絕，但他並沒有這樣做。他盡心盡力的把滿地的髒污擦得乾乾淨淨，弄得整身是汗。過了兩天，工廠負責人便通知他，他晉升為廠裝瓶部主管。

這一切對鮑威爾來說，吃虧難道不是種福氣嗎？然而，只要我們留心一下歷史和身邊的人，就不難發現，凡是那些取得了成就的人，尤其是那些有傑出成就的人，沒有一個不是胸懷寬廣，不在乎給自己一些吃虧空間的人。與此相反，再看看我們周圍那些一生無所作為、無所建樹的人，哪一個不是心胸狹窄、愛計較、不肯讓自己吃虧之輩呢？

成熟的人應有的待人處事「溫度」

不在乎吃虧，給自己留點吃虧空間的人，人際關係自然比別人好。當他遇到困難時，別人樂於向他伸出援救之手；當他拚事業之時，別人也願意給予支持，給予更多的幫助，因此，事業自然容易獲得成功。

有人曾這樣問小巨人李澤楷：「你父親李嘉誠教了你成功賺錢的秘訣嗎？」李澤楷說：「賺錢的方法，父親什麼也沒有教，只教了我一些做人的道理。」而李嘉誠是這樣跟李澤楷說的，和別人合作，假如他拿七分合理，八分也可以，那麼李家拿六分就可以了。

李嘉誠的意思就是，吃點虧可以爭取到更多人願意與他合作，也就是雖然他只拿了六分，卻因此多了一百個合作的人，但假如他堅持拿八分的話，一百個人會變成五個人，結果是虧是賺可想而知。

李嘉誠一生與很多人進行過長期或短期的合作，結束合作的時候，他總是願意自己少分一點錢。

這是一種風度，也是一種氣量，其實也正是因為他懂得給自己這種願意吃虧的空間，才有人樂於與他合作，他才會越做越大。

吃虧是福，這是智者的智慧。不管你是做老闆也好，是生意場上的夥伴也罷，手下的人跟著你有好日子過、有賺頭，他才會一心一意與你合作、跟著你做，因為他知道老闆生意好了，他的收入才會跟著好。

生意場上的夥伴和你做生意不能賺錢，才會朝三暮四，但是如果你能夠跟李嘉誠一樣，讓你的合作夥伴知道，即便賠了錢，你也不會讓他們吃虧，也就是你要讓合作夥伴覺得你是個不怕吃虧的人，值得跟你合作，這才是你真正能夠賺到錢的訣竅。

雖然說「吃虧是福」，但不會被吃乾抹淨嗎？

一、「吃虧是福」裏面所說的虧，指的就是小虧，眼前的一點點小損失，小代價。小虧，我們往往能一目瞭然；大虧，如果不是靜下心來，我們常常就不能夠看到。

二、雖然付出不一定會有回報，但是不付出是絕對不會有回報的，給自己留點吃虧的餘地，可說是一種必要的投資。

33、想交到真正的朋友，就要先懂得「吃虧」

◎ 讓步、吃虧是一種必要的「交友投資」，也是朋友交往中的必要前提。
◎ 在生活中，人們對處處搶先、佔小便宜的人，一般都沒有什麼好感。

可以肯定的是，一點虧都不想吃的人，只會讓他自己的路越走越窄。

為什麼呢？佔便宜的人，首先在做人上就吃了大虧，因為他處處搶先，從來就不會為別人考慮，眼睛總是盯著他看好的利益，迫不及待地想跳出來佔有它，他周圍的人對他很反感，合作幾次就不想再與他合作下去了。

當合作夥伴一個個離他而去，他就難以再找到願意與他重新合作的人，最後自己還不是吃了個大虧。

從心態發展上來看，如果你老是不願吃虧，老是想佔別人的便宜，那麼會把自己弄得很猥瑣。因為當便宜被你佔盡的時候，你也就會覺得自己總在吃虧，心中就會積存不滿和憤怒，這對自己也是很大的傷害。

再者，老是想佔別人便宜的人，絕不會有什麼大作為，因為，他的眼光都集中到搜集和佔有眼前的每一點微小的利益上，勢必影響自己的境界，缺乏向遠處、高處看的意識和能力。

這種人除非是買彩卷中了頭獎，否則，很難獲得很大的成功和利益。

一般來說，在這個世界上通常有三種人一點虧也不肯吃。

第一種人，肚量太差，吃了虧就想不開，好像被挖了心頭肉一樣。

第二種人，火氣太大，吃了虧，輕則破口大罵，重則大打出手，把事情弄得一發不可收拾。

第三種人，心眼太小，吃了虧就要睚眥必報，但卻讓自己因小失大。

與之相反，如果一個人還能經常平心靜氣地吃那麼一點虧，那麼至少能夠說明這個人的肚量不算太差、火氣也不算太大、心眼也不算太小，如果能夠做到如此的話，那麼他的人際關係一定處的不錯、朋友也一定不會少。

成熟的人應有的待人處事「溫度」

只要平心靜氣、全面地考慮問題，我們就不難發現世界上根本就沒有白吃的虧，所有的付出，總會有一天能夠得到應有的回報。

歷史上先吃小虧，再得大便宜的故事屢見不鮮，現實生活中類似的事也時有所聞。但如今的社會是一個大聲張揚的時代，所以吃了虧千萬不能「打落牙齒和血吞」，吃悶虧、吃暗虧只有自己甘認倒楣。

吃虧必須吃在明處，讓大家都知道，才會有意想不到的收穫。因此，通常我們所講的「吃虧是福」，其實是指「吃明虧是福」。

古人曾經說過：「用爭奪的方法，你永遠得不到應有的滿足；然而，如果用讓步的辦法，你非常容易就能夠得到比期盼還要多的東西。」

更何況，一個人如果不擇手段地得到錢財，追名逐利，他在失去了做人從容的同時，也把自己的人格與尊嚴給失去了。

貪心的人，總是費盡心計去算計別人，在其熱情、仗義與關切的偽裝之下，其更多的是肆無忌憚地對別人進行攻擊與傷害。

那些不害怕吃虧的人，總是把別人往好的地方去想，在其天真以及迂腐、軟弱的背後，是一個廣大、脆弱、寬容的不設防世界。

也正因為這樣，許多時候，好人鬥不過壞人，一次又一次地遭到壞人的算計與偷襲。儘管這樣，貪圖蠅頭小利者最終將「聰明反被聰明誤」，必然吃大虧。

不怕吃虧的人，不但不會真的吃虧，反而還會換來「桃李不言，下自成蹊」的結果，並且還會生活在輕鬆、自在、愉快之中；因為，這樣的人隨時都保有可以被捨去的「周轉空間」，永遠都讓自己可以擁有從容生活的餘裕和空間，換言之，懂得讓自己的生活留有餘地的人，怎麼可能會不快樂呢？

為何吃虧不只是智慧，還是一種藝術？

一、雖然吃虧意味著捨棄與犧牲，然而，也不失為一種胸懷、一種風度，吃虧就是一種大智慧，也是一種放棄的藝術。

二、擁有「吃虧」這種智慧的人，他的行為在外人看來是吃虧了，然而，因吃虧失去的福分，總會在不久之後，以另一種形式，再度回到他的身上。

34、「留白」式管理，才是最聰明的管理

◎不讓別人為難，不與自己為難，讓別人活得輕鬆，自己也活得自在，這就是留有餘地的妙處。

◎有很多事情，你無法預料到它的發展態勢，不可輕易下斷言，使自己沒有一點迴旋的餘地。

做為一個主管，不要把所有的權力死死地握在手裏，事必躬親，不管大事小事都要一一過問，總是超過自己負荷地過勞工作。

其實，這絕對不是一種有效的工作方法，雖然你工作的非常辛苦，但你所負責的工作，卻總是雜亂無章，手腳都打成一團死結。

雖然你事事過問，時時在管，但卻一點工作成績也沒有，下屬也對你冷眼旁觀，眼看著你自己鬧笑話。其實，你所做的工作有許多並不需要你去做，那是你的

下屬的事情，如果你做了這些事情，他們不但不會心存感激，反而會認為你專橫跋扈，粗俗無知。

漢宣帝手下有一位宰相叫丙吉，有一年春天，丙吉乘車經過繁華的都城街市，恰巧看見有人群毆，死傷極多，但卻若無其事地經過現場，什麼話也沒說，繼續往前走。

不久，他又看到一頭拉車的牛吐出舌頭來氣喘吁吁，無精打采，丙吉馬上派人去問牛的主人到底是怎麼回事？對此，旁邊的隨從人員都感到很奇怪，為什麼宰相對於群毆事件不聞不問，卻單單操心牛的氣喘，這不是有點輕重不分，本末倒置了嗎？於是，有人就鼓起勇氣請教丙吉。

丙吉回答說：「取締制止群毆事件是長安縣令或京北尹的職責。身為宰相，我只要每年評定他們的政績，再將其賞罰建議上呈給皇上就行了。宰相對於這些瑣屑之事不必一一參與，而我之所以看見牛氣喘吁吁就要停車問個究竟，是因為現在正值初春時節，而牛卻吐著舌頭氣喘不停，我擔心是不是陰陽不調，而宰相的責任之一就是要調整『陰陽之事』，因此，我才特地停下車詢問原因何在。」

眾隨從聽後，這才恍然大悟，紛紛稱讚宰相英明。

成熟的人應有的待人處事「溫度」

放手把事情都交給下屬吧！給下屬一個表現的空間，也給自己一個喘息和思考的空間，不要忘記自己是個主管，你有自己的工作，只要把自己的工作盡心做好就行了。

無論是官場還是職場，都需要給別人留有餘地。

日本松下幸之助以其管理方法先進，被商界奉為神明，而他的方法就是善於給別人留有餘地。

後騰清一原是三洋公司的副董事長，慕名而來，投奔到松下公司擔任廠長。他本想大有作為，不料，由於他的失誤，一場大火把工廠燒成一片廢墟，給公司造成了巨大的損失。後騰清一十分惶恐，認為這樣一來，不但廠長的職位保不住，還有萬一被追究刑事責任，這輩子就完了。

但這一次讓後騰清一感到欣慰的是，松下連問也沒問，只在他的報告後面，批了四個字：「好好幹吧！」

松下的做法深深地感動了後騰的心，由於，這次火災發生後，沒有受到任何懲罰，他心懷愧疚，對松下更加忠心效命，並以加倍的工作來回報松下，後來，他為公司創造的價值，遠遠大於那個被燒毀的工廠。

松下給下屬留了餘地，同時也給自己留了餘地，留下了更快更高的發展道路。試想一下，如果松下斷盡後騰清一的後路，那麼自己快速發展的路，也就沒有了。

做為一個主管，千萬要記住「唇亡齒寒」的道理，讓下屬有發揮與犯錯的餘地，才能好好的培養他們，並讓他們的功績，成為自己升官的地基。

怎樣的管理才能培養出合群的團隊默契？

一、無論是什麼樣的主管，在管理中，都應該學習給自己的下屬留有餘地。因為在給下屬留有餘地的同時，也很大程度上，可以營造良好的人際工作環境。

二、許多事你不去強調，別人反而更願意去接受，這樣，你在團隊中舉足輕重的地位，就會自然而然的形成，也就不用花時間跟下屬們針對命令進行辯駁。

35、拿一個台階給人下，自己也能順勢往上爬

◎只要不觸及上司的「逆鱗」，就不會惹禍上身。

◎《聖經．馬太福音》有句話：「你希望別人怎樣對待你，你就應該怎樣對待別人。」

◎一個聰明的人在與他人交往的過程中，是從不會把話說死、說絕，讓自己毫無退路可走的。

有句俗話說：「打人莫打臉，罵人莫揭短。」工作中，特別是對於一個上司來說，「面子」是一件很重要的事，為了「面子」，小則翻臉，大則會鬧出人命。

在中國古代，有所謂「逆鱗」之說，據說在龍的喉部以下部位上有「逆鱗」，如果不小心觸摸到這一部位，一定會被激怒的龍所殺。

事實上，無論人格多麼高尚偉大的人，身上都會有「逆鱗」存在，所謂「逆

鱗」就是我們所說的「痛處」，也就是缺點、自卑感。

歷史中，因為擊中別人痛處而惹禍上身的例子有很多很多。例如：明太祖朱元璋出身寒微，做了皇帝後，自然也就有許多往日的窮朋友到京城找他。這些人本以為朱元璋會念在老朋友的情分上給他們封個一官半職，但朱元璋最忌諱別人揭他的底細，認為那樣會有損自己的威信，因此，對來訪者大都拒而不見。

朱元璋兒時的一位好友，千里迢迢從老家鳳陽趕到南京，千辛萬苦才進了皇宮。

一見到朱元璋，他便當著文武百官大叫大嚷起來：「朱老四，你當了皇帝可真威風呀！還認得我嗎？當年咱倆一塊兒光著屁股玩耍，你幹了壞事總是讓我替你挨打。記得有一次咱倆一塊偷豆子吃，背著大人用破瓦罐煮。豆子還沒煮熟，你就先搶起來，結果把瓦罐打爛了，豆子撒了一地。你吃得太急，豆子卡在喉嚨裏，還是我幫你弄出來的，你還沒忘記吧？」

朱元璋聽後非常生氣，但他仍是喋喋不休嘮叨個沒完，朱元璋再也坐不住了，心想此人太不知趣，居然當著文武百官的面，揭我的短處，讓我這個當皇帝的臉，要往哪兒擱呢？朱元璋在盛怒之下，下令把這個窮朋友給殺了。

成熟的人應有的待人處事「溫度」

其實，只要多考慮幾分鐘，講幾句關心的話，為他人設身處地想一下，給他人也給自己一點空間，不論面對上司還是下屬，都可以緩和許多不愉快的場面。

「為尊者諱」，這是官場的一條規矩。一個人，無論他原來的出身多麼低賤，有過多麼不光彩的經歷，一旦當上了大官，爬上了高位，他身上便罩上了靈光，變得神聖起來。往日那些見不得人的一切，要嘛一筆勾銷，永不許再提；要嘛重新改造、重新解釋，賦予新的涵義，因此，千萬不要像朱元璋那位窮朋友一樣，當眾觸犯了上位者的「逆鱗」。

朱元璋早年當過和尚，對「光」、「禿」一類的字眼十分忌諱；後來又參加過推翻元朝統治的紅巾軍起義，便也對「賊」、「寇」之類的字眼極為反感。

有兩個非常具有代表性的例子：

杭州徐一在《賀表》裏寫了「光天之下，天生聖人，為世作則」幾個字，朱元璋讀了勃然大怒，說：「生者僧也，罵我當過和尚。光是削髮，說我是禿子。則者近賊，罵我做過賊。」於是，立即下令把徐一處死。

洪武年間，大興文字獄，唯一倖免的文人是翰林院編修張某。他在作賀表文裏有「天下有道」、「萬壽無疆」兩句話，朱元璋看了發怒說：「這老兒竟罵我是強盜呢！」

差人逮來當面審訊。張某說：「天下有道是孔子說的，萬壽無疆出自詩經，說臣誹謗不過如此。」

朱元璋被頂住了，無話可說，想了半天才說：「這老兒還這般嘴硬，放掉罷！」左右侍臣私下議論：「幾年來才見饒了這一個人。」

在日常工作中，要謹慎處理與上司的關係，最要緊的一點是千萬不要傷害上司的尊嚴，同時注意替上司保守秘密，要學會給老闆一個台階下，也就是讓老闆有下台階的餘地，我們自然也就有了走上台的空間。

跟多年的至交好友還要講「面子」，這不是很麻煩嗎？

一、人人都有自尊心和虛榮感，甚至連乞丐都不願受嗟來之食，因為太傷自尊、太沒面子，就算是童年玩伴也一樣。

二、生活中，很多人卻總愛掃別人的興，當面令朋友面子難保，以致當場撕破臉皮，因小失大；尤其是像朱元璋這樣，從好友變成上司，更需固守該有的禮節，才是保身之道。

第6章

「退一步」，是不會「出車禍」的「人生交通規則」

農夫插秧，一定要一步一步向後退，
才能把一塊田中的青秧插滿。
在人生過程中，也要懂得退一步的哲學，
有時候退一步想，海闊天空。
換句話說，能夠退一步，懂得回頭，
那才是人生大道的「交通規則」，
不一定要等到碰壁，撞得鼻青臉腫了，才來後悔。

36、想要別人留一條路給你走，就要給別人留點餘地

◎面對別人的錯誤，有時候要知道寬容比懲罰更有力量。

◎得饒人處且饒人，凡事不可「過度」，不然，最後吃虧的還會是你自己。

生活中常常有些人，無理爭三分，得理不讓人。相反，有些人真理在握，不吭不響，得理也讓三分，顯得綽約柔順，君子風度。

前者，往往是生活中的混亂份子，後者則具有一種天然的向心力；一個活得嘰嘰喳喳，一個活得自然瀟灑。有理，沒理，饒人不饒人，其實沒有什麼絕對，完全看個人的修養和價值觀而定。

爭強好勝者未必掌握真理，而謙虛的人，原本就把出人頭地看得淡，更不用說一點小是小非的爭論，根本不值得為此「雄辯」，也就是越是有理，越表現得謙

虛，往往越能顯示出一個人的胸襟之坦蕩、修養之深厚。

待人寬厚是一種美德，既然不是什麼大事，就要得饒人處且饒人，而且是得理也要讓三分。

有一次，一位老先生騎單車被從路旁小巷衝出來的一個騎機車女孩子撞倒了。那個女孩子對著倒在馬路上的老先生大聲埋怨：「你騎車也不注意一點！」

路旁行人看不慣，紛紛指責那女孩子：「別說是妳把老先生撞倒了，就算妳沒責任，也該先扶起老先生，看哪裡撞到了吧？」

說的那女孩子不得不過去扶起老先生，小聲說：「對不起。」

那老先生站起身，稍微活動活動身體，說：「只是有點痛但沒事，妳下回可得小心了！妳要是沒撞著哪裡，就快走吧！」

其實，原諒人不等於窩囊，那只是有意為之的高尚，懂得這些，也就沒有什麼氣可生了。

人要能站到高處，往好處想，便能理解別人，寬恕別人。看著像是「窩囊」，其實那是人格的完美高尚，帶來的那種崇高美感，是一種千金難買的精神享受。

一頭大象，在森林裏漫步，無意中，踏壞了老鼠的家，大象很慚愧地向老鼠道歉，可是，老鼠卻對此耿耿於懷，不肯原諒大象。

一天，老鼠看見大象躺在地上睡覺，心想著：「機會來了，我要報復大象，至少，這個龐然大物，我可以咬牠一口。」但是，大象的皮特別厚，老鼠根本咬不動。這時，老鼠圍著大象轉了幾圈，發現大象的鼻子是個進攻點。

老鼠鑽進大象的鼻子裏，狠勁地咬了一口大象的鼻腔粘膜。

大象感覺鼻子裏一陣刺激，牠猛烈地打了一個噴嚏，將老鼠射到好遠的地方，老鼠被摔個半死。

半天，老鼠才從地上爬起來，牠忍著渾身劇烈的傷痛，對前來探望牠的鼠友們說：「要記住我的慘痛教訓，得饒人處且饒人！」

成熟的人應有的待人處事「溫度」

做了對不起別人的事，心裏有愧疚，能向人家賠禮道歉，人家氣不過，說你幾句，這是理所當然的。反過來，有人做了對不起你的事，人家賠禮道歉了，只要無大礙，就不要得理不饒人。

老鼠都能懂得這個道理，何況人呢？一個人走入社會之後，常常感到人與人之間很難相處，有不少時候，你被同事說三道四，和同事產生誤會，如何處理好這種事情呢？

不少朋友會勸你：「得饒人處且饒人。」但是有些人卻要問，我饒了他，而我心中不舒服怎麼辦？

是的，如果每個人都想自己怎樣開心舒服，那麼你看到的將是一群自私的人，為了各自的利益你爭我搶，讓人感受不到生活的溫馨。

生活中，人都會犯錯，犯了錯，倘若不給他改過自新的機會，勢必會產生更多的矛盾，造成不良後果。

若是寬以待人，兩人的空間就會變得更多，摩擦自然而然也會變少，給人放鬆的時間，自然也得到了呼吸的空間；寬以待人是門藝術，掌握了這門藝術，你也許會獲得意想不到的收穫。

為何總說「退一步海闊天空」呢？

一、遇事禮讓三分，這正是一個人成熟、睿智的表現。不管怎麼說，禮讓總比爭鬥好，和平總比戰爭好，笑容可掬總比怒髮衝冠好。

二、世上常無理，得理也得讓人。假如人人遇事都能禮讓三分，我們這個社會將是非常和諧美好的社會！

37、不為小事斤斤計較，才是做大事的格局

◎無論用人還是做事，都應注重大方向，不要因為一點小事，而妨礙了事業發展。
◎處理事情時，不可一味強調細枝末節，以偏概全，否則，就會抓不到問題的要害。
◎凡是不愉快的事情，大部分都是因為太過於斤斤計較而產生的。

人生應當寬宏大度，凡事都斤斤計較，只會給人帶來煩惱，美事反而不美，好事反而不好。事事計較，吹毛求疵，惹人厭煩，久而久之，朋友遠之，親人疏之。

幽默大師威爾．羅里士曾說：「我從來沒有遇見過不喜歡的人。」

那你也和羅里士一樣，每天都開心的與人交往嗎？還是一早起來，看見任何人、事、物，內心都感到不快？

一八九八年冬天，威爾．羅里士繼承了一個牧場。有一天，他養的一頭牛為了

偷吃玉米，衝破附近一戶農家的籬笆，最後被農夫殺死。依當地牧場的共同約定，農夫應該通知羅里士並說明原因，但是農夫沒有這樣做。

羅里士知道這件事後，非常生氣，於是帶著傭人一起去找農夫理論。此時，正值寒流來襲，兩人幾乎要凍僵了，好不容易抵達木屋，農夫卻不在家，農夫的妻子熱情地邀請他們進屋等待。

羅里士進屋取暖時，看見婦人十分消瘦憔悴，而且桌椅後還躲著五個瘦得像猴子的孩子。不久，農夫回來了，妻子告訴他：「他們可是頂著狂風嚴寒而來的。」

羅里士本想開口與農夫理論，忽然又打住了，只是伸出了手。農夫完全不知道羅里士的來意，便開心的與他握手、擁抱，並熱情邀請他們共進晚餐。這時，農夫滿臉歉意的說：「不好意思，委屈你們吃這些豆子，原本有牛肉可以吃的，但是忽然刮起了風，還沒準備好。」孩子們聽見有牛肉可吃，高興得眼睛都發亮了。

吃飯時，傭人一直等著羅里士開口談正事，以便處理殺牛的事，但是，羅里士看起來似乎忘記了，只見他與這家人開心的有說有笑。

飯後，天氣仍然相當差，農夫一定要羅里士他們住下來，等明天天氣變好了再回去，第二天早上，他們吃了一頓豐富的早餐後，就告辭回去了。

在寒流中走了這麼一趟，羅里士對此行的目的卻閉口不提，在回家的路上，傭人忍不住問他：「我以為您準備去為那頭牛討個公道呢！」

羅里士微笑著說：「是啊，我本來是抱著這個念頭的，但是，後來我又盤算了一下，決定不再追究了。你知道嗎？我並沒有白白失去一頭牛啊！因為，我得到了好久沒有得到的人情味。畢竟，牛在任何時候都可以獲得，然而人情味，卻沒有那麼容易就可以得到的。」

成熟的人應有的待人處事「溫度」

凡事必須在大的方面把握得住，小的方面才會不出大錯，這就是為人處世的基本原則。

生活中，大多數的人都在追求物質上的滿足，表現在言行上便是為了小事斤斤計較，然而，當物質需要得到滿足之後，我們的心是否真的充實了？人與物之間是無從比較的，真正的無價必定表現於無形，就像大師的雕刻作品，它的價值不在價格與實體上，而是創作者對作品付出的情感與附在作品身上的生命感悟。

故事中的羅里士，儘管失去了一頭牛，卻換得農夫一家人的笑容和幸福以及難得遇見的人情味，這段經歷更讓他懂得生命中哪些才是無價的。

大事看不到，小事窮計較，小人是也！小人是每個人都不屑做的，所以，計較大可不必。孔子曾說過：「小不忍則亂大謀。」要做大事，需綜觀全局，不可糾纏在小事之中，擺脫不出。

因此，在日常生活中也是這樣，我們要求的是一個人是否對我們有所幫助，而不是他的過失，所以又何必總是要把眼光盯在別人的過失上呢？

總之，在生活中，我們不要把事情做「過度」，要學會不為小事斤斤計較，這樣一來，不但會給別人留有餘地，也會給他留有後路。

為何「斤斤計較」是苦了自己呢？

一、量斗有多有少，秤頭有高有低，天秤有毫釐之差，絕對的平衡和平均是沒有的，所以絕對的公平也是沒有的。

二、既然沒有絕對的公平，人生也就不應該因區區小事而斤斤計較，苛求絕對。因為這麼做，只會讓心情更不舒服而已。

38、蹲低一點是為了讓自己可以跳得更高

◎如果把自信心和打拚的精神建立在「持久戰」基礎上，退一步進兩步，結果往往不一樣。
◎讓步是一種修養，並非懦弱，更不是失去人格，或是失去原則。
◎讓步是一種暫時的虛擬後退，是為了進一步必要做的準備。

赫爾鮑姆是礦冶專業的高材生，在美國耶魯大學畢業之後，又進德國的佛萊堡大學深造，拿到了碩士學位。然而，當他來到美國西部的一個大礦廠找工作時，卻發現很不順利。

大礦主對他的學歷一點也沒有興趣，斷然拒絕了他的求職要求。原來，這位大礦主是工人出身，一步一步地從基層提拔上來的，後來成為大礦的「扛壩子」。

由於，這個大礦主，自己沒有上過大學，所以不喜歡有學歷的人，尤其對那些

張口能講出一大套理論的工程師，更沒有好感。面對應聘時出現的這種尷尬和無奈，聰明的赫爾鮑姆腦子一轉，很快想出了對策，他不僅毫不惱怒，而且巧妙地轉換話題。

他微笑著說：「大礦主先生，我想向您透露一個秘密，可是您得先答應我不能告訴我父親。」大礦主對此頗感興趣，表示絕不洩密。

「說真的，我在德國佛萊堡大學的四年時間，一直是在混日子，什麼也沒有學到。」他小聲地告訴對方。

一聽完這話，大礦主的臉馬上由「陰」轉「晴」，哈哈大笑起來，然後當場拍板：「很好，你被錄用了，明天就可以來上班。」

赫爾鮑姆的審時度勢，迅速地採用了以「退」為「進」的策略。

其實，在求職場上情況複雜，變化多端，讓步有時是必要的。或許，會有人擔心，赫爾鮑姆此舉不妥。可是他這樣做的結果，既不會對別人造成傷害，又可以使問題得到解決，更不會因此而使自己貶值，因他的學識水準如何，並不是決定於別人對他的評價。

成熟的人應有的待人處事「溫度」

在競爭激烈的職場中，有時為了更進一步，就需要我們去忍一時，需要我們去讓一步。

在擇業過程中，只要走進職場，不少人都是抱著「高就」的念頭。這種想法無可厚非。但是，在社會日益發展的今天，只要用人單位能夠用己所長，無論是「高就」或是「低就」，都是很正常的，尤其對技術和知識結構比較欠缺的擇業者來說，攀高還不如低走。

試想，一個職場的人才結構總是呈金字塔形，不可能人人都坐上高職位。透過競爭憑自身的本領求得高職位，固然值得慶賀，但假使一時難以獲得機會，求高不成，就應該低就一級，那樣自己也能有個更為寬闊的空間和能量的累積機會。

俗話說「退一步海闊天空」，就是這個道理。

某汽車製造公司招聘員工，名牌大學汽車製造專業的幾名畢業生前去應聘，結果一個個失敗而歸，一個自學而成的修理工卻馬到成功，當場簽約。

原因很簡單，大學生們只想坐辦公室，而這名工人則是自願到生產的第一線。他的理由有二：

一是初進這種現代化大公司，誰都得先去一線見習，與其被動下放鍛鍊，不如主動去當工人；

二是自信比其他工人更具理論基礎和發展潛力，在現代化管理的人才選拔機制下，相信自己早晚會被提拔。

這種心態，使他不但容易擇業成功，而且日後成功的可能性也比較大。

人才市場有關擇業流向的分析資料表明，有些人在擇業過程中明明有許多選擇，卻非高職位不就，這雖是有志向的表現，但也有失偏頗。

特別是有些剛剛走出校門的年輕大學生，時常忽視自己缺乏實踐經驗和尚未受過社會環境考驗的弱點，他們應聘時信心十足，開口談薪資、閉口談工作條件，結果往往失望而歸。

正所謂：「忍一時風平浪靜，退一步海闊天空。」因此，做任何事都要學會給自己留餘地，先退一步，再往前跳，才是讓自己向前進的最好良策。

遇到嚴峻的氣氛，該說什麼樣的話才好呢？

一、陷入僵局的氣氛時，給對方一個面子，少講兩句難聽話，否則，不但眼前這個人會變成可怕的「敵人」，還會讓身邊更多的朋友因而膽怯、疏遠你。

二、留一點餘地給那些得罪我們的人，是我們該學習的美德，該培養的「習慣」，以及處世的態度。

39、幫助別人等於買了一份將來別人幫助自己的「保險」

◎許多事情雖然是舉手之勞，但卻能免去很多意想不到的麻煩，關鍵時候，我們一定要向別人伸出援助之手。

◎你願意關心別人，別人自然也會關心你，一切都從自己開始。

◎點燈，不僅能照亮別人，更能照亮自己。

人的一生，總是會遭遇一些失敗與挫折，比如學業、愛情、事業等等。當我們在遇到這些失敗時，都會渴望得到別人的幫助。

所以，當別人遇到困難的時候，我們也要去幫助別人，因為幫助別人就等於幫助自己。

有一個僧人走在漆黑的路上，因為路太黑，僧人被行人撞了好幾下。他繼續向前走，看見有人提著燈籠向他走過來，這時候旁邊有人說：「這個瞎子真奇怪，明明看不見，卻每天晚上提著燈籠！」僧人被那個人的話吸引住了，等那個提燈籠的人走過來的時候，他便上前問道：「你真的是盲人嗎？」

那個人說：「是的，我從生下來就沒有見到過一絲光亮，對我來說白天和黑夜是一樣的，我甚至不知道燈光是什麼樣的！」

僧人更迷惑了，問道：「既然這樣，你為什麼還要提著燈籠呢？是為了迷惑別人，不讓別人說你是盲人嗎？」

盲人說：「不是的，我聽別人說，每到晚上，人們都變成了和我一樣的盲人，因為夜晚沒有燈光，所以我在晚上出門時就提著燈籠出來。」

僧人感嘆道：「你的心地多好呀！原來你是為了替別人著想！」

盲人回答說：「不是，我為的是自己！」

僧人越感到迷惑了，問道：「為什麼呢？」

盲人答道：「你剛才走過來時，有沒有被人碰撞過？」

僧人說：「有呀，就在剛才，我被兩個人不小心碰到了。」

盲人說：「我是盲人，什麼也看不見，但我從來沒有被人碰到過，因為我的燈籠既為別人照了亮，也讓別人看到了我，這樣他們就不會因為看不見而碰到我了。」

僧人頓悟，感嘆道：「我辛苦奔波就是為了找佛，其實佛就在我身邊啊！」

點燈照亮別人，更照亮自己。由此可以參悟，在生活中給人一點方便，其實就是給自己一點方便的空間，幫助別人，實際上也就是幫助了自己。

成熟的人應有的待人處事「溫度」

「真正的美德如河流，越深越無聲。」這句哈利克斯的著名至理名言，真可謂充滿人生哲理。

有一篇寓言故事，描述了一隻小螞蟻因為一陣風被吹進了一條河流裏，雖然河流平緩地向前流動，但對小螞蟻來說可謂力量巨大，幾經掙扎，無可奈何還是不能爬上來，幾乎快要喪失生命。

此時，一隻小鳥從水面飛過，看到此情景，叼了一塊朽木扔在小螞蟻身旁，小螞蟻借助朽木爬上了岸，逃過了一劫。

鳥兒在草叢中尋找食物，此時來了一位獵人，發現鳥兒，舉槍瞄準，就在獵人要扣下板機的那一剎那，獵人的腳突然被一隻小螞蟻猛咬了一下，因此，獵人的手抖了，槍也響了，子彈射向了其他地方，鳥兒飛走了，而獵人彎下腰的同時，小螞蟻也鑽進了草叢。

這個小小的故事，真正體現了「善有善報，惡有惡報」，你真誠地幫助了他人，也許在某個關鍵時刻，你就會被別人所幫助，此時的你方能感覺到幫助人的價值。

我們的人生不僅需要規劃，也要有所付出，就像小鳥丟在水上的朽木，因為你的付出，自然而然地，人們在你陷入危機時就會對你伸出援手，就算是一隻不起眼的小小螞蟻，也可能在緊要關頭救自己一命。

所以，在你付出的同時，你也已經獲得了回報！

在我們人生的大道上，肯定會遇到許許多多的困難。但我們是不是都知道，在前進的道路上，搬開別人腳下的絆腳石，有時恰恰是為自己鋪路？我們幫助別人，讓別人有繼續前進的餘地，其實，我們也等於得到一張「人情保險單」。

有個同事做事總是做不好，到底該不該幫他呢？

一、其實，與同事在一起工作，講究的是互相幫助，共同進步，但也會有一些瑣事需要相互的幫助，遇到這類的事，我們都應愉快地向同事伸出援手。

二、試想，如果你的態度蠻橫，遇到別人有事的時候，你不予理睬，等輪到你有事的時候，別人也會和你一樣。因此，要知道幫助他人，等於幫助自己。

40、與其佔據有限的資源，不如贏得無形的人緣

◎記住「能讓人處且讓人」，不要把事情做的「過度」了，為人也為己。

◎如果你什麼好處都想佔盡，不只會傷害到對方，甚至會毀了自己。

古時，有一人因築牆和鄰居發生糾紛，於是，給朝中做大官的哥哥寫信，希望其兄用權勢擺平這事。其兄見信後給弟回信曰：「千里寄信為一牆，讓他三尺又何妨？萬里長城今猶在，不見當年秦始皇。」

其弟見信後，幡然醒悟，主動禮讓對方三尺，對方也禮尚往來讓出三尺地方，兩家從此和睦相處，這就是流傳至今的「六尺巷」的故事。

這個故事是古代禮讓三分、睦鄰友好的典範。禮讓三分是種美德，常見一些人，因爭一塊磚、兩塊瓦、三塊煤的事情，鬧得面紅耳赤，甚至大打出手，結果一

方滿臉是血，另一方滿地找牙，兩敗俱傷！這又何苦呢？

生活中，每個人都想多得好處，因此，有很多人都想把便宜事佔盡。其實，這樣的人是最笨的人，或許到最後什麼也沒有得到，甚至會失去很多東西。

凡事都有一個「盡」來限制，任何事都不要做的「過度」。有時，留一點好處給別人，自己也就得到好處了。

所以說，一個真正聰明的人會讓給別人來佔便宜。

孫子曰：「商陵勿向，指兵勿逆。佯北勿從，銳率勿攻，餌兵勿食，窮寇勿追，此用兵之法也。」

意思是敵人從高地衝下來，不可以正面迎擊，以避擊鋒銳；敵人偽裝退卻，不要去跟蹤追擊，以免中了埋伏；當敵人士氣正旺的時候，不要進攻；當敵人用小部隊引誘的時候，不要去理睬；對正在揮師回國的軍隊，不要去阻擋，包圍敵軍時要留下缺口，以免敵人全力死戰；對陷入絕境的敵人，不要過分迫近，以免其拚死反撲，這些都是用兵應當把握的原則，而且，所講的都是要懂得為自己和為別人留一點轉圜空間的道理。

成熟的人應有的待人處事「溫度」

寧願自己吃點虧，讓別人佔點便宜，也可以說是一種「人情積蓄」。當對方不佔點便宜就會發生困難，而你明顯多過對方，那麼不妨巧妙的放一點便宜給別人，給他留一點餘地，他就會心存感激。

在現代社會大家都很關心的股票市場也是如此，投資者若能順勢操作則會事半功倍，逆勢操作就會自取滅亡。賺錢的時候，只吃八分便行，勿求功德太圓滿，留點好處給別人，實際上就是將最大的風險留給別人承擔。

其實，生活中也是如此，不要事事都想把好處佔完，不給自己留有任何餘地，到最後卻什麼也沒得到。

古人陸機說：「為別人不如厚待自己，為外物不如為自身謀算；要使上級安樂，就在於使下面的人滿意，為了自己打算，就得先讓別人佔點便宜。國家治理好的時候，足以正風氣，衰微時也可以抵禦強暴。所以強大有力的國家不能專據一時的優勢，雄才大略的人，也不能得償王霸野心。」

其實，生活中也是如此，讓別人佔點便宜，自己會得到更多的好處。

當對方匱乏，不佔點便宜就會發生困難的時候，而你明顯多過對方，那麼不妨巧妙的放一點便宜給別人，給他留一點餘地，他就會心存感激，來日也許還會報答你，就算不會圖報於你，也不太可能再度與你為敵，這就是所謂的人性。

為什麼有些「便宜」是一定要讓別人佔的呢？

一、有一句名言：「狗急也會跳牆。」如果知道對方的狀況不好，卻還是一點虧也不吃，那麼就會讓對方走投無路，有時甚至會激起對方「反撲」的堅強意志。

二、既然是「反撲」，當然就會「不擇手段」，這樣將會對你造成一定的傷害，既然給人佔便宜能夠保身，那麼吃點虧也不是什麼壞處。

41、給別人留點好處，等於給自己留點迴旋的空間

◎ 貪慾不僅讓人難以得到更多，甚至連原本可以得到的也將失去。
◎ 過於貪婪，人便成為物慾的奴隸，便沒有了清明的心境和睿智的眼光。

給別人留點好處，等於給自己留有迴旋的空間。留有餘地，是做人的道理，也是生活中的一個哲理。

有兩個異曲同工的小故事就能說明這個道理，這兩個故事是這樣的：

故事一：有一個電視台每隔半小時就發布一則啟示：「有狗丟失，歸還者，付賞金一萬元。」

一位窮人看到了這則啟事，心想，這不是昨天他撿到的那隻小狗嗎？

他心裏總是想著自己真是太走運了，第二天，他抱著狗出門了，準備去領那一

萬元賞金。當他經過百貨公司的大螢幕時，又看到賞金已經變成了三萬元。乞丐趕緊把狗抱回了家，他想等待更高的出價。

第四天，懸賞金額又漲了兩萬。接下來幾天，賞金不斷攀升。直到酬金漲到了全城的市民都感到驚訝時，乞丐興沖沖地返回家，可是那隻狗已經直挺挺的躺在地上了。

原來這是一隻純種愛爾蘭名犬，只吃高級鮮奶和燒牛肉，根本不會吃那些撿來的食物，這個乞丐本來想佔盡所有的好處，可是，那隻狗卻因為吃不慣撿來的食物而死去，最後那個乞丐什麼也沒有得到。

故事二：有個人小時候和祖父進林子去捕捉野雞，祖父教他用一種捕獵機，它像一只箱子，只要野雞受到撒下的玉米粒的誘惑，一路啄食，就會進入箱子。而這時，設置機關的人，只要一拉繩子就可以大功告成。

架好箱子不久，就飛來一群野雞，共有九隻，不一會兒就有六隻野雞進了箱子，他正要拉繩子時，又想，那三隻也會進去的，再等等吧。

等了一會兒，那三隻非但沒有進去，反而走出來三隻。他後悔了，對自己說，哪怕再有一隻走進去就拉繩子。接著，又有兩隻走了出來，如果這時拉繩子還能套住一隻，但他對失去的好運不甘心，想再等一隻。

最後連剩下的那一隻也走了出來。那一次，他連一隻野雞也沒能捕捉到，卻捕捉到一個受益終生的道理：「人的慾望是無法滿足的，而機會卻稍縱即逝。」

成熟的人應有的待人處事「溫度」

做任何事都有一個度，不要想著把所有的好處佔盡，事實上，這樣做到最後什麼都不會得到的。

上述這兩個故事說明一個道理：有時為了得到更多的好處，而過於貪婪，反而不會得到任何好處。

一個猶太人走進紐約的一家銀行，來到貸款部，大模大樣地坐了下來。

「我想借些錢。」

「好啊，你要借多少？」

「一美元。」

「只要一美元？」

「不錯，只借一美元，不可以嗎？」

「噢，當然，只要你有足夠的保險，再多點也無妨。」經理聳了聳肩，漫不經心地說。

「好吧，這些做擔保可以嗎？」

猶太人接著從手提包裏取出一堆股票、國債等等。

「總共五十五萬美元，夠了吧？」

「當然，當然！不過，你真的只要借一美元嗎？」經理疑惑看著眼前的怪人。

「是的。」說著，猶太人接過一美元。

「年息為百分之六，只要你付出百分之六的利息，一年後歸還，我們就可以把這些股票和債券退還給你。」

「謝謝。」

猶太人說完準備離開銀行。

一直站在旁邊冷眼觀看的分行長，怎麼也弄不明白，心想擁有五十五萬美元的人，怎麼會來銀行借一美元？於是，他慌慌張張的追了過去，對猶太人說：「啊，這位先生……」

「有什麼事？」

「我實在弄不清楚，你擁有五十五萬美元，為什麼只借一美元呢？你不認為這樣做，你很吃虧嗎？要是你借三、四十萬美元的話，我們也很樂意。」

「請不要為我操心，在我來貴行之前，問過了幾家銀行，他們保險箱的租金都很昂貴。因此，我才會選擇了貴行一年只需要花六美分的貸款利息，來寄存那些做為抵押的股票、債券……」

這個猶太商人非常聰明，他讓別人佔了點便宜，同時，他自己卻得到了更大的好處。

為什麼人總是因為「捨不得」，感覺很痛苦呢？

一、有些人之所以不懂得在人生旅程中，要經常「放棄」一些東西，就是因為人性過於貪婪的緣故。

二、明知魚與熊掌不可兼得，而非要兩者都佔有不可，以致於到最後一無所獲，甚至身敗名裂，貽笑後人。

42、「退一步」，是不會「出車禍」的「人生交通規則」

◎ 善於從屈辱中學習，乃是我們走上成功之路的一個重要因素。
◎ 如果你不能忍一時之痛，那麼你很可能會讓自己痛苦一輩子。

如果你不能接受一次嘲笑，將會受到別人更多的挑剔和攻擊。一位先哲說過，無論怎樣學習，都不如他在受到屈辱時學得迅速、深刻、持久。屈辱使人學會思考，體驗到順境中無法體會到的東西；它使人更深入地去瞭解社會，促使人的思想得以昇華，並由此開闢出一條寬廣的成功之路。

有句古話說得好：「木秀於林，風必摧之。」這句話的意思，就是告誡人們不要過於逞強，因為，爭強好勝、得理不饒人，往往容易激怒對方，而且，表面上看，似乎比別人強，但實際上卻是缺少智慧，因為這只會讓你把對方推到了與自己完全對立的位置上，讓自己在做事方面遭遇到比別人更多的困難。

然而，凡事不要爭強好勝，套用戰爭裏的術語來說，我們寧願失去一場戰鬥，而贏得一場戰爭，也不願意贏得一場戰鬥，而失去一場戰爭。因此，不要讓自己因為爭強好勝而掉進無謂爭執的瑣事圈套中，在解決問題時，多想那些重要的事，不要被一些表相、膚淺的事情引走注意力，應該集中精力於大事上。

成熟的人應有的待人處事「溫度」

忍，能幫助我們度過種種的坎坷不安，人都有順逆境，順境時要淡，逆境時要忍，只要忍得過，再怎麼不順遂的事都會過去。

顧全大局的人，不拘泥於區區的小節；要做大事的人，不追究一些細碎的小事；觀賞大玉圭的人，不細考察它的小疵；得巨材的人，不為其上的蠹蛀而怏怏不樂。因為，為一點瑕疵就扔掉玉圭，就永遠也得不到完美的美玉；因為一點蠹蛀就扔掉木材，天下就沒有完美的良材。

善於處世的人，他們常常更多地體諒別人，巧妙地表達自己的思想並給人留有餘地，而且皆具備以下四點「忍耐之道」：

第一、忍一句：有這樣一句諺語說：「天燥有雨，人躁有禍。」人在生氣發怒的時候，往往容易失去理智而闖禍。如何不生氣？除了懂得排解之外，要「忍」，先忍之於口，再忍之於面，進而忍之於心。

忍耐可以激發心中的力量，有力量自然就不會煩惱、不會動心、不會起瞋。所謂「忍一口氣，風平浪靜。」反之，「小不忍，則亂大謀。」所以「能忍自安」，忍一句，自然會讓「禍根」，從此無生處。

第二、饒一句：要記住千萬不要與人爭強弱。做人「得理而能饒人，是謂厚道，厚道則路寬；無理而又損人，是謂霸道，霸道則路窄。」有的人喜歡在言語上跟人爭強鬥勝，常常得理不饒人，一句話，非要把人打倒不可。

其實「人情留一線，日後好相見」，儘管別人做出種種對不起你的事，饒他一下，放他一馬，或許日後你會有需要他幫忙的時候，所以原諒別人，就是自留餘地，切莫與人爭強勝，強勝也不一定是在語言上分高下。

第三、耐一時：正所謂「路有崎嶇，海有浪濤」，人間不如意事十之八九，要想成功立業，不能要求凡事順遂。所謂「不經一番寒徹骨，焉得梅花撲鼻香；直饒熱得人流汗，荷池蓮蕊也芬芳。」能夠禁得起橫逆挫折，堅持到底的人，才能成功，就如荷花越是炎熱的氣候，開得越是清香，所以做人要禁得起寒天冰雪，酷暑炎熱也要耐得住。

第四、退一步：農夫插秧，一定要一步一步向後退，才能把一塊田中的青秧插滿。我們在人間修行、做事，也要懂得退一步的哲學，有時候退一步想，海闊天空。換句話說，能夠退一步，懂得回頭，那就是人間修行道路的「人生交通規則」，不一定要等到碰壁，撞得鼻青臉腫了，才來後悔。

所以，一個人如果懷抱理想，想要創造自己的前途，一定要學習忍耐，在給對方留有餘地之餘，也讓自己的能量有所積蓄，如此才能達到目標。

為何說「忍」是人生大道的「交通規則」呢？

一、要想成功，必須具備種種優良的特質，比如說高深的學問、恢弘的志氣、寬闊的心胸、忍耐的修養等，這些都是艱難人生旅途中最大的助力。

二、生活中，要想成功就要學會「忍」，忍耐並不是退縮，而是用平常心去對待人間一些不平的境界——這是不可少的修養。

第7章

吃飯不要吃的太飽，做事不要做的太滿

吃飯，不要吃得太飽，半飽是最理想；
做事情，不要做到非常的累了才休息。
所以中午睡一睡，三點半喝杯下午茶輕鬆一下，
讓身體的狀況永遠得到調整，
正如一輛汽車的汽油，經常保持半滿的狀態。
切勿每次亮起紅燈才去加油，否則就會十分傷車。

43、人生需要留點空白，才不會讓自己活得那麼累

◎我們評論一件事、一個人，應當實事求是，留有餘地去評價。

◎切勿喜歡起來，什麼都好，討厭起來，反倒一無是處。如此，眼前不吃虧，將來必定禍從口出。

◎在很多情況下，要特別注意「才不可露盡，力不可使盡。」

對於「空白」這個詞，其本身是一種藝術的表現手法。著名畫家黃賓虹頗有心得地說過：「看畫，不但要看畫之實處，而且要看畫之空白處。」中國畫最忌滿塞，講究留空白。國畫大師們的空白能空出一種藝術靈性，如畫河流悠悠然而遠去，那遠處便是一片空白，寫文章有一種修辭手法叫「留白」，其實質上指的就是空白，留出一點空白，從而讓讀者自己去填補、去揣摩、去深思、去想像。

諺語：「滿遭損，謙受益」中的謙虛也是一種空白，空才能得益。平常說為人

做事要謹慎謙虛，要把握分寸留有餘地，其實質上也是一種生活的空白。為人做事謹慎謙虛留有餘地，不說過頭話，不做心力用盡的事，則隨時可以應付意外的情況。因為對人而言，強中自有強中手，人不能自命天下第一。

「以逸待勞」其實又是一種空白。為人處世的原則雖有所不同，但今天的事情今天做，效率越快越好不一定就是好事，有的人做事，尤其是處理一個複雜的問題時，就喜歡拖延一下，待各方面冷靜下來後，再行處理則更為穩妥。

平時我們在人與人交往的過程當中應留點空白，為他人留點空白，才能友好地與之相處，給自己的生活留點空白，這樣的人生才能夠過的快樂，給自己的生命留點空白，如此才能夠使自己的心靈更暢快地呼吸。

當你春風得意時，留點空白給思考，莫讓得意沖昏頭腦；當你痛苦時，留點空白給安慰，莫讓痛苦窒息心靈；當你煩惱時，留點空白給歡樂，煩惱就會煙消雲散，笑容便會增多；當你孤獨時，留點空白給友誼，真誠的友情可讓你不孤獨。

每個人都是這樣，必須忍受痛苦，必須忍住淚水，但千萬不要灰心、低頭，停滯不前。當生活把你逼上狹窄的小路，那麼就請留點空白、留點光亮給心境，這樣小路自然就會變為寬廣大道。

成熟的人應有的待人處事「溫度」

生活中，凡事先做好充分準備，沈著應付外界的干擾，不論什麼事，都要留有餘地，都可運用「以逸待勞」的策略。

遇事留出點空白，讓出三分，自己對他人多一份愛心；為他人留下三分寬恕，這樣人與人之間的人際關係就自然不會緊張；凡是那些能為他人留下設想的空白，世界就會多一份美好；一個願意為他人留出一些空白的人，自己便能生活的舒服安樂。我們千萬不要忘記，你留給他人的空白，實際上也是為自己留了出路。

人生舞台，風雲變幻，到處都會發生矛盾，都會發生紛爭，在世之人，有坦坦君子也有戚戚小人，若是你沒有堅忍的心智，沒有寬容的胸懷，就無法與他人和睦相處。即便你一身清白，有德有才，也要允許他人的誤解，領導者的刁難，同事的傷害……

為此，只有弱者才會報復，如果你伺機報復，輕則別人對你敬而遠之，重則埋下怨恨的禍根，你將成為孤家寡人。倘若你能包容理解，為他人留下餘地，反省自身，剖析自己，矛盾就自然能夠迎刃而解，才能夠化干戈為玉帛，化誤會為理解與信任，化狹窄為廣闊，到最後終於能夠得到別人的尊重。

在平時的待人處事過程中，千萬不要把事情做「過度」，要時時為自己留下可迴旋的餘地，就像行車走馬一樣，你一下子走到山窮水盡的地方，調頭就不容易了。

除此之外，不論我們辨任何事情，都要多使一點「太極推手」的功夫，永遠保持一些能夠迴旋應變的能力，也就是在日常生活中，承諾別人、拒絕別人、批評別人，所有的事情都要留有一定的餘地。

為什麼我們從提倡「慢活」，變成了「白活」呢？

一、「白活」，其實是將人生留白的意思，這麼做並不是怯懦也不是卸責，而是一種手段，是靜觀事物的變化，以做最後完善的決定。

二、對於那些懂得「白活」，能夠巧妙地在人生過程中運用空白的人，實在稱得上是生活藝術的大手筆。

44、凡事不要做盡，要懂得為人生留點空白

◎ 人生是個大舞台，要想活得精彩，就不僅要學會給生命留白，而且要淡然看待人生的得失成敗。

◎ 空白不是蒼白，而是一種至高境界，一種博大的胸襟。

◎ 在現實的社會生活當中，每個人如果能夠給他人與自己留出一點空白，那麼他就不會做出把自己逼到牆角的蠢事。

曾經有一位丹青高手，每每為花鳥傳神，替山水留韻，總能恰到好處地留些空白，這一「留白」給人以詩的想像，弦的餘音。這「留白」不僅是一個人對藝術的一種見解，同時還是一種昇華生活的見識。

而人生又何嘗不是像一幅畫一樣，也需要有留白的地方。

因為，如果將人的一生全部塞滿自己想要的東西，未必就是一種生活的藝術，

簡簡單單方為境界。

俄國一位作家曾說過：「在人的一生中，失去的比獲得的更為重要，種子消失之後才會發芽。」

人的一生是得失輪迴的一生。得失就好比是一對跳躍的、充滿靈性的音符，不停地編織著人生樂章中每一個悠揚的旋律，「百得會有一失，百失也會有一得」，這句話雖然談不上是至理名言，但與民間所說「甘蔗沒有兩頭甜」，「高樓臨街卻喧嘩」是同樣的道理，也從另一個側面說明了得與失互為補充。

有的人每天沉淪於患得患失之苦悶當中，把主要精力都放在失去了多少、得到了多少上面，而不關心失去的是什麼，不去思考真正要的是什麼？

也就是雖然看起來他沒有失去什麼，事實上往往因得到的東西而迷失了自我。正如十六世紀法國一位思想家所說：「什麼都來一點的人，什麼都得不到。」

然而，雨果的名言則更是簡潔明瞭：「一個人不能同時騎兩匹馬。」人生在這個世上實在擁有不了多少物質，就如同飛鳥只棲一枝，松鼠所求幾顆一樣。

天地有萬物，此身不再得，人生僅百年，此日最易過。我們在羨長江之無窮，嘆蚍蜉之須臾中，也就更要珍惜自己的生命，從而更好地把握好自己，在看破想通中，以積極的態度去迎接新一輪的生活，從而創造自己美好的人生。

一時的失敗並不可怕，失去真正的自我才是一件值得擔憂的事情。

因此，我們要用最美麗的平常心，來面對生活中的一切，讓成敗榮辱不擾亂平靜的心靈。

生命既然給了我們憧憬明天的權利，我們就一定要做到正確認真地去對待人生中的每個得失，帶著對生活嚮往，感受生命可貴，活出一個真實的自我！

成熟的人應有的待人處事「溫度」

如果說科技的空白我們要常填補，那麼對於生活的空白，我們就要做到時時留出。

其實，一個人只有工作往上比，才能夠看到自身所存在的不足；生活往下看，才能使自己感到滿足，不會去和別人進行無謂的比較。

平淡的生活足以能夠滿足世人，粗茶淡飯具備人體所需的營養，因此，就不必去羨慕別人常吃山珍海味；自己有自行車騎，又能鍛鍊身體，所以也不必去羨慕別人有汽車接送……因此，何必事事要與他人比高低？

有一個小男孩在河邊傷心哭泣，一位從這裡路過的好心人問他為什麼哭泣，孩子說：「我唯一的一枚硬幣掉進水裏了。」好心人勸說：「別哭了，我給你一枚硬幣吧。」

可是，小男孩接過硬幣後，哭的反而更加的傷心了，好心人為此感到十分納悶地向他問說：「怎麼還哭呀？」小男孩說：「假如我的那枚硬幣沒有掉進水裏，那麼我現在就可以擁有兩枚硬幣了。」

這個孩子的慾望可以說是沒有止境的，在現實生活當中，許多人的慾望遠比這個孩子的慾望要大的多！

因此，我們還不如給自己的慾望留點空白，留一點自由呼吸的餘地，這樣的生活就可以過的無怨無憂，知足常樂。

為何留白讓生命更富足？

一、我們給自己與他人留點空白，靠自己的誠實勞動，獲得一份甜蜜的果實，而且儉樸的生活，會貼近生活的本質，以致不迷失在光怪陸離的表面。

二、讓自己的生命留白，從而使得你在一點一滴的回味之中，享受生活的美好樂趣，求得一份生活的安寧，活得更開心，更快樂。

45、吃飯不要吃的太飽，做事不要做的太滿

◎ 對於每一個人來說，其自身的人生舞台都是非常大的，許多地方都存在自己有所發展的餘地。

◎ 在人無完人，凡事留有餘地才好，給人留半條後路，為自身積半點福，半點德，這樣何樂而不為呢？

在文學藝術當中，「空筐」可以說是一個十分常用的概念，藝術表達為不能太滿，滿了就少了靈氣，周止庵在《宋四家詞選》談如何作詞就說：「初學詞求空，空則靈氣往來！」文學藝術只有像「空筐」一樣，給作品留有一定的餘地，才自然能夠豐富讀者的情感與想像空間。也就是說，作藝術必須要學會留下「空白」。

仔細想一下，也的確是如此。一件事情、一項事業，只能有一個第一。如果總是把爭奪第一當做目標，這樣就容易患得患失，還不如去填充人生其他的空白處。

比如：數學成績考不了第一，你可以在一些藝術方面去挖掘自己所存在著的潛質；自己沒有演員的天賦，也不要總去幻想當什麼國際影星……

大千世界，紫陌紅塵，許多誘惑與煩惱都是沒有什麼方法可以避免的，或者說世俗間的一切會讓你失去真正的自我。

虛與實，真與假，更多時候都是互相交織在一起的。虛並非是真正的假，實也不代表就是真。往往在空白之處，虛空承載了人們的真實情感，而正是這些才顯露出了人為雕琢的痕跡。

任何事做到「適可」才是最好的，如果換一個積極的角度來詮釋這句話，就是一個人在得意的時候，還是不要忘記給自己留條退路。

成熟的人應有的待人處事「溫度」

人生不要強求十全十美，世間事，豈能盡如人意，有一半幸事，也應無憾了。

有一位老人，年已過了七十，然而身體卻相當的健康，聲如洪鐘，兩目有神。

打十二圈麻將時，眉頭也不皺一下。

有人便請教這位老人家的養生之道，他就僅送出了一個字──「半」。對於這個「半」字隱藏著什麼深刻的意思呢？老人家解釋說：「對於半的內在涵義，就是凡事不可做盡。」

比如生活當中的吃飯，不要吃的太飽，半飽是最理想；做事情，不要做到非常的累了才休息。

所以中午睡一睡，三點半喝杯下午茶，黃昏歡樂時光輕鬆一下，都是好的安排，讓身體的狀況永遠得到調整，正如一輛汽車的汽油，經常保持半滿的狀態。切勿每次亮起紅燈才去加油，這樣就會十分傷車。喝酒也是，最過癮是半醉，半醉的時候，望出去的世界介乎真與虛之間，顯得十分的奇妙，如果全醉，就會失去喝酒的意義。

「半」還可放到做人處世的哲學高度，「半」就是知足常樂。老人家這「半」字學問，確實是非常有道理的，認識很多朋友，活得不開心，整天怨天尤人，唉聲嘆氣，對於其中的原因，很多都是對人對事過度執著，一定要最好，一定要完美，一定要十分。

幾千年以前的老子就曾經說過：「甚愛必大費，多藏必厚之，知足不辱，知止不殆，可以長久。」

他獨特的思想讓中國人堅信以柔克剛，以弱勝強的道理。如今在西方也流行「半杯主義」，它與老子的處世之道，可謂是不謀而合。

留耕道人《四留銘》裏有這樣一句話：「留有餘不盡之巧以還造化，留有餘不盡之祿以還朝廷，留有餘不盡之財以還百姓，留有餘不盡之福以還子孫」。

蓋造物忌盈，事太盡，未有不貽後悔者。高景逸所云：「臨事讓人一步，自有餘地；臨財放寬一分，自有餘味。」如此推理，所有的事情都是一樣的。

半點塵埃亦容不下，如此做人態度，必然事倍功半，本來就可以活一百，而如今卻變得五十。

如果能夠為抱半日安，笑玩人間，輕鬆自在，則自然多半分鐘可活一倍命，讓生命多些空間，自然能活出有餘的人生。

為什麼總說太強，也不是件好事？

一、事物的發展規律是物極必反的，事物太過壯大就會衰老，東西太過堅硬就容易折斷。

二、一個人在失意的時候，給自己找條出路——這也正是我們通常所說的凡事都不要做盡，給自己留點餘地的道理。

46、任何事不要「全力以赴」，給自己一點「偷懶」空間

◎只使出四分之三的力量，不僅有準備同時又留了餘地，如此從容不迫去做，自然就會做的更加的成功。

◎成功並不在於你是否全力以赴，而在於你是否具有實力與事前充分的準備。

在西方國家裏，曾有位哲人說：「要想做好一件事，你最好盡四分之三的力量去做」。

世上大多數的成功人士都贊成這樣的觀點，而且也正是按照這樣的觀點去做自己正在做的事。

然而，這個觀點就是要告訴我們，凡事在開始的時候都需要盡力的去準備，但是，千萬不要做到「全力以赴」。兵家裏所說的「窮兵黷武」也就是指領導者太「全力以赴」，以至於血本都賠進去了。

而打拚事業的人，就更加忌諱把全部的錢財都投入到某一項事業中，那些所謂的「全力以赴」之人，並不一定就比使用四分之三力量的人更具有實力。

古人所謂「工夫在詩外」是說文人做詩的好壞，往往在於他的學問與閱歷的深淺，而並不是只在於其詩文的本身。「三國演義」當中的孔明站在空城上嚇退幾十萬大兵，並不是說他有「一夫當關」的勇氣，而是因為他過去的妙算神機與自身的鎮定自如，才能嚇退敵兵。

諾貝爾文學獎獲獎者海明威，他有一個著名的冰山理論：大海之中的一座冰山，對於它本身來說，其十分之七在水下，然而，正是那十分之七的部分，才托起了那十分之三，那十分之三巍峨又壯觀，令世人嘖嘖讚嘆。

人生也一樣，成功只是那十分之三，而十分之七是成功前的艱苦準備。一個沒有練過武功的人為了報仇，急於與一個武功高深的人交手，既便他全力以赴了，最後的失敗也一定是他。

成熟的人應有的待人處事「溫度」

生活當中的很多不快樂，都並非是源於自身不夠努力造成的，最大的可能是，因為自己不懂得為自己留有餘地所造成的。

古人說弓太滿則易折，對於一個人來說，為人處事也切忌全力以赴。要能夠做到給自己留一點餘地、留一分輕鬆，這樣你就自然會多一分從容、多一分灑脫，給自己留一條退路，失敗了也不會全軍覆沒。

你只需要用自身四分之三的力量，這樣你才會是一個永遠的成功者。

有這樣一句富有哲理的話：「從來茶倒七分滿，留下三分是人情。」品茶以清心，清心以虛懷。給自己的心靈留下想像的空間，盛裝起美好的追憶；給自己的思想留下空間，從而去吸納更高深的智慧；給自己的事業留下空間，從而去擁抱人間更多的機遇。

世上早有「為人處世和說話辦事要講分寸」的勸勉，然而對於「分寸」到底在哪裡，大多數人卻未必能夠說得清楚。而能夠說清楚「分寸」這兩個字之人，都是十分聰明、練達的人。

也正是憑著這些對人世的豁達、老成與世故，才使得他們擠身於所謂的「人生勝利組」之中。通往成功的路是十分多的，然而卻不知道每一條路上都布列著大小不一的「分寸」二字，不論是與人說話，與人辦事，差不多都深深蘊藏著「分寸」的玄機。

換句話說，一個人如果把握不好分寸，自然也就說不好話，辦不成事，更別說愉快地與人交往了。

歷數古今中外所有的成功者，特別是那些開國創業之君、霸業之主，或那些歷朝歷代在仕途上春風得意的人，差不多都可以列為知輕重、識眉眼、懂分寸的睿智之士。

一般人通常提到的「會說話」、「會辦事」、「有人緣」、「識體面」、「知禮節」，差不多都是講究分寸的報償。

世上「分寸」兩個字，掌握好的，成功了；把握不住的，失敗了。人世間的所有競爭，成功者與失敗者的分水嶺，就在「分寸」之間。所以，凡事都要留一點點餘地給別人，多留給別人一點點的機會，等於留給自己機會，也等於創造了自己的機會。

重視分寸，是新興的生活觀念嗎？

一、其實早從孔子開始，就說過「君子中庸，小人反中庸」。白話的意思就是君子講分寸，小人不講分寸的道理。分寸是一種不偏不倚、可進可退的中庸處世之哲學。

二、人間的所有事情如果做過了頭，那麼它就違反了世間的中庸之道，也就是遇事不講分寸，這是老祖先們的智慧。

47、做人做事要懂得適度，你的慾望才不會過度

◎「中庸」並非是折中主義、做事無原則，更不是懦弱，缺乏勇敢，不敢進取。
◎ 待人處事有「度」，也就不用擔心會傷人傷己，更能讓自己的人生更有餘地。

不論是哪一種觀點，都有其自身有理的一面，然而也必定會有一個合適的尺度來衡量。其實，說到底，做人就是必須做到一個「度」。

「度」，實在是太重要了！「中庸」就是講「度」。《論語．先進》講的對：「過猶不及。」過頭，不及，都不好。朱熹解釋說：「中，就是不偏不倚；庸，就是永遠不改變。」孔子在《論語．泰伯》中，就講了：「中庸之為德也，其至已乎！」什麼事都要講究「適度」，都要懂得「適可而止」。

列寧講過：「真理多一步就是謬誤。」從古至今以來，人們就已經認識到了

「度」的重要性；《論語．堯曰》中也講了「允執其中」，恰當地把握事情之「中」，這是關鍵所在。

老子最講究「度」，「物極必反」，要知足，知止，不盈，去甚，去奢，去泰。在《老子》這本書當中充分地表達了這樣的辯證思想。

中庸，並非是在折中主義、無原則。中庸，絕不是懦弱，缺乏勇敢，不敢進取。事情總是一個對立的統一體，其關鍵的一個問題就在於把握好這個「度」，千萬不要讓其轉化到壞的那一面。

成熟的人應有的待人處事「溫度」

風雨存在天地之間，也有一個「度」的問題。風大而狂亂，風小而鬱悶。雨多而澇漬，雨少而乾旱。只有風調雨順，萬物才好生長，人才能幸福。

漢朝有一位名叫李廣的大將，一生殺敵無數，屢次取得大戰的勝利。在漢武帝大舉進攻匈奴之時，李廣請求漢武帝命令出戰，武帝體憫他年邁不同意。在他的苦諫之下，才勉強地同意了他，結果李廣因為自己迷失了方向，從而使得自己犯了貽誤軍機的罪名。李廣一生戰功卓著，卻因不服老太過自信，以至自己的名望大節受到損失。

唐朝開國功臣李靖也因為年齡偏大，在要求出征吐谷渾國時被拒絕，雖然勉強出征，平定了吐谷渾國，卻遭奸臣誣告，險些性命不保。李靖雖一心報效國家，但卻忽略一點，榮譽的光環太過耀眼，就會被人嫉賢妒能，遭受小人中傷迫害。

郭子儀八十多歲的時候，還當著關內副元帥和朔方、河中節度使，遲遲不辭退這些官職。他雖然位極人臣，而其他人不妒，但最終還是被皇帝疑忌，給了一個「尚父」的尊號，罷免了其兵權。

這些人中豪傑們都因欲求功名、貪天之功，不曉得急流勇退，結果事與願違。英雄尚此，凡人更不必說。

俄羅斯的一個小官員因為在禮節沒有把握好分寸，而使自己失去了珍貴的生命。事情的經過是這樣的：小官員在劇院看戲，突然打個噴嚏，把坐在前排大官員的頭髮弄髒了。平常一件小事，說聲「對不起」也就算了。

誰知小官員再三道歉，又跑到大官員家裏賠禮，還趕到辦公室負荊請罪。大官員被惹煩了，大發怒吼與訓斥。小官員為此每天處於一種擔驚受怕之中，這樣過了沒多長時間，便抑鬱而死。

曾有一句十分有道理的話，叫做「失度而亡，適度而存」。法國總統戴高樂對身邊的人很隨和，身邊的人因此隨便過了頭，忘記了自己的身分，居然不分場合和總統開玩笑。戴高樂感覺威信受到影響，於是遣散了那些過於隨便的人。

關係到興與衰的更替，榮與辱的變換，遵循它便得以順暢，違反它便帶來阻撓。房屋因為失衡而倒塌，身體因為失調而生病，政府因為失信而顛覆，其實質上來看都是「度」在發揮著根本性質的作用。

「度」在這個社會當中，無時不在，無處不有。社會上充滿著「度」的形影，自然界遍布著「度」的痕跡。

行事待人有「度」，也就不用擔心會傷人傷己，更能讓自己的心態變得寬鬆一些，生活的空間更有餘地。

為什麼「度」可以解釋世間的道理呢？

一、「度」是生死存亡之理、成敗得失之道，表面上來看平淡卻內藏不凡，看似簡單卻深奧。

二、對於世上的很多災難，是因為沒有把握好這個關鍵性的「度」，讓自己的慾望過度所造成的，其實，在一個人的生命當中，很多幸福與快樂都是與「適度」分不開的。

48、凡事做到有度，才能夠進退自如

◎如果你沒有犯過錯誤，沒有一個反叛的心路歷程，就不會找到「度」。

◎太完美的人，沒有犯錯誤的經歷，也就自然感受不到什麼叫做「適度」。

◎做事有「度」是為人處世上的藝術，做到這些能夠讓人變得做事小心謹慎。

一個「度」字令人們感到困惑，因為，批評別人的語氣如果重了，別人就會無法接受，但語氣輕了又會聽不進去；醫治人的用藥重了，會傷身體，用藥輕了又難以根治；對朋友講真話，有幼稚之嫌，不講真話又有虛偽之疑……而上述這些矛盾現象，不都是無法將「度」這個字，拿捏到恰到好處嗎？

因此，連孔子也會因此而犯難地說：「可與言而不言則失人，不可與言而言則失言。」而「失言」和「失人」之間，就是難在一個「度」字。

謙虛是人的美德，但如果一味的謙虛而過了度，就成了虛偽；做人要有自信，

但自信過了度，就成了自負、自傲；理想是人生的動力，但如果理想不切實際過了度，就成了幻想、妄想，成了人生的阻力；誠信是做人的根本和基礎，然而，誠信一旦超出了一定的限度，就會敵友不分，成了癡人、呆人、傻人。

對於平時的生活，人在家過日子也要有「度」。譬如夫妻之間，把自己從裏到外赤裸裸展示給對方看，遲早會成為對方口中嚼爛的「口香糖」……由此可見，「度」這個字，在我們人生當中扮演著相當重要的關鍵。

成熟的人應有的待人處事「溫度」

我們每個人都應該做到審時度勢，把握好人生的「度」，從而使自己的人生之舟，順利駛向成功的彼岸。

遇到事情時，往往做不到在什麼時候把握什麼「度」，歸究其原因就是其心態還不具備掌握這種「度」的狀態。比如愛情，一般人的生理和心理體驗「滿足度」是兩個月，也就是說，天天見面，時時想念的心理和生理的「滿足度」是兩個月，但落實到現實生活中，由於工作、休閒、學習等事情打斷了其連續性，因此，「滿足度」拉長為兩年。

那麼在談戀愛時，該擁有什麼心態，掌握什麼「度」，並非是你知道就可以做到的，必須要有很深的文化底蘊和經過反覆的錘煉而成。然而，有了好的心態，就有了掌握「度」的能力，就知道在愛情的初期，即便很喜歡對方也要裝作感覺稍好，在愛情中期階段，雖然處於一種熱戀之中，也同樣需要做適當降溫，在愛情平穩期，雖然沒有激情，也要不時地創造一些新鮮的感覺給對方。

一個人在事業當中的「度」是最難以掌握的。從宏觀上來說：一般人想要在事業上有所發展，那麼所付出的努力要超出正常人的「度」，也就是別人休息時，你要思考，別人思考時，你要做事；如此一來，你很可能要超前消費你的身體本錢，來換取你未來的事業基礎。所以你必須思考，為了事業超過正常人的「度」是否值得？

然而，如果我們在職場沒有掌握好「度」這個字，就可能會有以下現象發生，譬如上班時你來的太早不行，走的太晚也不行，因為同事會嫉妒；辦公室裏休閒時間太多不行，即使你提早完成了工作，老闆也會覺得你的工作太輕鬆了；但是你在辦公室裏，忙的團團轉也不行，因為老闆與同事會覺的你能力差別人一等……

所以，凡事做到有「度」，才能夠讓自己進退自如，或許「度」這個字太圓滑、太世故、太中庸，然而，世間的事情之紛繁，人生之艱難，卻不得不把握住這個「度」字。因為，唯有如此，做事才能行有餘力，也才能讓自己活得更有餘地。

為什麼說學會了「度」，就學會了做人？

一、「度」是一把雙面刃，過度了就會傷害別人，也會傷害自己，學會好好控制這個「度」的時候，也就學會了做人。

二、「度」會隨地點、人物、心情的改變而改變，「度」是靠自己感覺的。「度」是能夠讓人琢磨研究一生的學問，學會了「度」，也就掌握了自己的人生。

49、做人不要太固執，給自己一點變通的空間

◎固執不能擇善而擇惡，那就很危險了，因為原本能夠得以補救的事情，卻因自身的固執，而變得無法逆轉。
◎適當的執著與變通是人生的一種學問，好好運用就會改變你的一生。

有兩個年輕人，一個叫小廖，一個叫小姚，他們住在一個偏遠的村莊，由於他們居住的鄉村謀生不易，於是他們就相約到外地去打拚，做生意。

他們首先抵達到了一個生產麻布的地區，小廖就對小姚說：「在我們的故鄉，麻布是一種非常值錢的東西，我們把所有的錢換取麻布，帶回故鄉，一定會讓我們賺到錢的。」

小姚同意了，於是他們兩個人各自買了麻布，並細心地捆綁在驢子背上。走了幾天，他們到達了一個盛產毛皮的地方，那裡正好缺少麻布，小廖就對小姚說：

「毛皮在我們故鄉是更值錢的東西，我們把麻布賣了，換成毛皮！」

小姚卻回說：「不了，我的麻布已經非常安穩地捆綁在驢背上，要搬上搬下是一件多麼麻煩的事啊！」

於是，小廖就自己把麻布全換成毛皮，還多賺了一筆錢，而小姚依然擁有著一驢背的麻布。

他們繼續前進到一個生產黃金的地方，那裡天氣苦寒，正缺少毛皮和麻布。

小廖見狀就對小姚說：「在這裡毛皮和麻布的價錢很高，黃金卻非常的便宜，但在我們故鄉的黃金卻十分昂貴，我們把毛皮和麻布換成黃金，這樣一輩子就不用為吃穿而為發愁了。」

小姚又一次拒絕了：「不！不！我的麻布捆綁在驢背上很穩當，我不想把它們變來變去呀。」

於是，小廖又自己用毛皮去換了一批黃金，而且又賺了一筆錢，而小姚還是守著一驢背的麻布。

最後，他們兩人回到了自己的故鄉，小姚賣了麻布只得到了蠅頭小利，和他辛苦的遠行根本就不成比例。而這次遠行對於小廖來說，不但帶回來了一大筆的財富，還有一批價錢昂貴的黃金，而當他把黃金賣了，便成為當地最大的富豪。

堅持「原則」的小姚在這個故事中是個不折不扣的「笨蛋」，他只是愚蠢地固守著自己的「原則」，沒有在環境適合的時候，適當地做出改變，結果，他還是原來貧窮的小姚，而小廖卻因原則的改變，變成了一個富人。

成熟的人應有的待人處事「溫度」

單純的執著與單純的變通，兩者都是不盡完美的。只有二者相輔相成的時候才能達到最終的成功，因此，我們要能夠學會執著與變通二者兼顧。

執著與變通是一個人的生活態度，因此蜜蜂只懂得向著光亮的地方去飛，而這本來是一件好事，然而卻因為蜜蜂不會變通，因蜇到對牠們沒有惡意的人而死掉。對於「變通」，蒼蠅可謂詮釋得淋漓盡致。牠們能夠做到向所有的阻礙低頭，一身的變通本事。

在人的一生當中存在著許多選擇，而在當你面對選擇執著與變通的時候，你應該想到這樣的選擇，是否是為了最後的執著。

首先，你需要根據各種各樣的資訊去做出判斷。能不能變通，變通的條件具備不具備，都是要考慮的因素，其次要選擇變通的內容與方式。

另外，要能夠把握變通的時機與正確的操作，做到神機妙算，得心應手。所以，變通絕不是隨意而為的，其運用的妙處也正是一種高超的藝術。

總之，變通是一種本領，也是一種生活的藝術，其關鍵在於能否做到審時度勢，靈活地去掌握，以讓自己在變通之下，活得更有餘裕也更有餘地。

為什說「堅持」與「變通」都是成功的法門呢？

一、對於一個人來說，其自身修養的一個最高境界是：擇善而固執。

二、有人說：固執易，而擇善難。綜觀世上的歷史與現實，固執擇善者少，而固執擇惡者卻不乏其人。所以在選善選惡之時，就需要做出適度的「變通」！

第8章

做人糊塗一點，人際關係就會好一點

糊塗大有學問，這學問盡在一個「該」字之中，
什麼時候應該糊塗，什麼情況下不應該糊塗，
而在該糊塗的時候，裝糊塗一點，
往往會讓自己的人際關係好一點。

50、懂得變通的人，往往比別人多一條退路

◎固執的人時常會拖累別人，自己也難免會身受其害。

◎在別人伸出援助之手時，別忘了唯有我們自己願意伸出手來，人家才能幫得上忙。

◎其實，世上的大多數悲劇，都是由於自身過度的固執所造成的。

三國時期的曹操可以稱作為是一個懂得「變通」的典型代表，其自身的「割髮代首」被認為是一種「智慧」的體現。

建安三年夏四月，曹操出征張繡途中，下了一道軍令，凡是經過麥田時，不得踐踏莊稼，否則一率斬首。一日曹操正在騎馬行軍途中，一隻班鳩突然從麥田之中飛了出來，曹操在馬上騎著，而被班鳩驚嚇到的馬衝入了麥田，踏壞一大片正在生長的麥子。

曹操此時立即叫來行軍主簿，要求按照軍法將自己斬首，主簿對於此事卻顯得十分為難，曹操卻說：「我自己違反了自己下達的禁令，如果不做處置的話，又怎麼能夠服眾呢？」於是，他立即抽出隨身所佩之劍要自刎，這時謀士郭嘉急引《春秋》「法不加於尊」為其開脫。此時曹操便順水推舟，說一句「既《春秋》有『法不加於尊』之義，吾姑免死」，過了一會兒，還是拿起劍割下自己一束頭髮，擲在地上對部下說：「割髮代首」，叫手下將頭髮傳示三軍。

這便是曹操「割發代首」的故事。曹操在自己坐騎踐踏麥田的時候，想到了「割髮代首」的「變通妙計」，不僅保全了自己的腦袋，同時也達到了「殺雞儆猴」的目的。

成熟的人應有的待人處事「溫度」

利用自身所存在的各種優勢，尋找「變通」的方式，才能使我們在逆境中擺脫被動，贏得機會，走向成功。

被列寧稱之為十一世紀中國偉大的政治改革家王安石曾以固執著稱，人們稱為

「拗相公」。因在變法的過程當中，他聽不進去不相同的意見，只要是自己認定的東西，他就一定不會去改。

譬如在他的變法當中，有很多不合理與自相矛盾的地方，在當時歐陽修、司馬光、蘇軾等人都曾提出過一些善意的正確意見。可是，他不但聽不進去，反而還與這些人為敵，以至變法激化了社會矛盾，最終以失敗而告終。

有這樣的一個故事：二十世紀四〇年代，有一個德國工人在生產一批書寫紙時，不小心調錯配方，生產出了大批不能書寫的廢紙，這個工人因此被解雇了。有位朋友看到他生活、心情都陷入低谷，便安慰他說：「把問題變換一種思路看看，說不定能從錯誤中找到一些有用的東西。」

一句不經意的話，有如一絲火花。不久，他驚訝地發現，這批廢紙的吸水性非常好，可以很快吸乾手稿墨汁和傢俱上的水分。

於是，他從老闆那裡將所有的廢紙買了下來，再切成小塊，換上包裝，取名「吸水紙」，拿到市場上去銷售，竟然十分的搶手。後來，他申請了專利，大批生產，結果發了大財。

我們往往只會從一個方向考慮問題，讓路越走越窄，甚至走入死胡同。然而，一旦我們懂得換個角度去做的時候，意想不到的收穫，往往會令我們十分的驚訝。

換一個角度試試，很多看似不可扭轉的事情可能會重現生機，換一個角度去感受，人生會看到另一種美麗。

有個故事大意是說，一匹老馬由於不慎而落進了一口枯井裏，人們想盡了一切辦法也不能順利地把牠從裏面救出，後來便打算把牠活埋算了……但是當泥土一鏟鏟倒入井中的時候，老馬便立即看到了逃生的希望。只見牠不斷抖落身上的泥土，並將其踩在腳下。而倒入井中的泥土越來越多，老馬腳下的土堆也越來越高……結果，老馬順利逃出了枯井。

老馬透過創新的思維與變通的想法拯救了自己，從而獲得了最後的成功。然而，現實中的人們在職場當中，一旦落入如此的「枯井」，通常就只會怨天尤人，坐以待斃，讓自己生活的空間越來越小……而這都是不懂得變通所導致。

「固執」和「執著」的差異在哪裡呢？

一、從根本意義上來說執著是一種孜孜不倦、鍥而不捨、頑強不息的精神，它是積極可取的。而固執代表呆板、頑固、不靈活，是不可取的。

二、執著者知事情可以為，然後執著之，因此總是能夠最終戰勝困難，獲得最終的勝利。可是執著如果過度就會變成固執，而固執者往往不能明辨是非，結果常常鑽進死胡同裏，不能自拔。

51、只要換個角度思考，就能看到解決問題的答案

◎每個人的一生都不可能是一帆風順的，當中會有坎坷，關鍵是怎樣去面對坎坷。
◎生活的風雨之後，懸掛在我們人生背景上的，必然是幸福的彩虹。

人生是一個不斷前進的過程，做什麼事情都不要「過度」，做什麼事情都要換個角度去思考，也就是只要我們換一個角度去思考、去觀察，就不難發現生活展現給我們的，往往並不像我們原本感覺的那麼糟糕。

同樣是半個甜甜圈，悲觀者說：「唉，只有半個了！」樂觀者卻說：「天啊，還有半個！」

僅僅是換了一個角度就成了兩個世界。可見，換一個角度去看問題，對一個人的一生來說，是多麼的重要！

有個學生和同學鬧了脾氣，他非常生氣，跑到山上對著大山喊：「我討厭你。」

接著，他也聽到了一個聲音：「我討厭你。」

他覺得非常奇怪，因此，跑回家問他的媽媽。他的媽媽笑著對他說：「是嘛！你試著對大山喊：我喜歡你，看看你會聽到什麼。」

孩子就跑到山上喊：「我喜歡你。」接著，他聽到了一個聲音：「我喜歡你。」

孩子終於明白了，當他喜歡一個人的時候，對方也會喜歡他；當他討厭一個人的時候，對方同樣也會討厭他。

成熟的人應有的待人處事「溫度」

任何事或物只要換一個角度思考，再悲慘的生活也會峰迴路轉，再痛苦的人生也會柳暗花明。

任何事情都有兩面性，都有好、有壞，關鍵是換個角度思考。

有位秀才進京考試，連續兩次失敗，在第三次趕考的時候，又住在那個從前住過的店裏。考試前兩天他連續做了三個夢。第一個夢是夢到自己在牆上種白菜；第二個夢是下雨天，他戴了斗笠還打傘；第三個夢是夢到跟心愛的表妹脫光了衣服躺在一起，但是背靠著背。

秀才感覺這三個夢有些深意，於是，第二天就趕緊去找了一個算命的來解夢。算命的一聽，連拍大腿說：「你還是回家吧。你想想，高牆上種菜，不是白費勁嗎？戴斗笠打雨傘不是多此一舉嗎？跟表妹都脫光了躺在一張床上卻背靠背，不是沒戲唱嗎？」

秀才聽後，心灰意冷，回店收拾包袱準備回家。店老闆見狀，便不解地問他：「不是明天才考試嗎？今天你怎麼就要回鄉了？」

秀才如此這般說了一番，店老闆樂了：「喲，我也會解夢的。我倒覺得，你這次一定要留下來。你想想，在牆上種菜，那不是高種嗎？戴斗笠打傘，不是說明你這次有備無患嗎？跟你表妹脫光了背靠背躺在床上，不正是說你翻身的時候就要到了嗎？」

秀才聽了，覺得更有道理，於是精神振奮地參加考試。後來，居然中了個探花。

其實，人生就需要像上述故事中的店老闆那樣，換個角度去思考問題。

第一次世界大戰時，駐守義大利某小鎮的年輕軍官結識了該鎮的牧師。雖然軍官信仰新教，而牧師是天主教牧師，但是兩人卻一見如故。

在一次執行任務中，軍官身負重傷，彌留之際，囑託牧師無論如何要把自己葬在牧師負責的墓園中。

軍官去世後，牧師著手為摯友料理後事，結果，天主教教會反對把異教教徒葬在天主教墓園裏。沒辦法，牧師只好把軍官安葬在墓園外，緊挨圍牆的地方。

很多年過去了，一個老兵回小鎮看望牧師。臨走時，他請求牧師帶他去軍官的墓前悼念。而令他驚喜的是，軍官的墓已經被移到墓園裏面了。

「太好了，教會終於同意把軍官的棺木挪到墓園裏了。」老兵高興地說。

「沒有，他們一直反對把棺木挪到圍牆裏……但沒人說我不可以移動墓園的圍牆。」牧師平靜地回答。

雖然克服困難，需要堅持不懈的努力、需要勇往直前的精神，但不要忘記，有時你只要換個角度思考，眼前看似無解的問題，馬上會迎刃而解。

對生活碰見絕路，該如何為自己找到出路？

一、人生當中，會遇到很多問題，當你遇到問題百思難解時，記得換一個角度。

二、每個人的人生，不可能是一帆風順的，但換一個角度看人生，人生無處不飛花，只要善待自己，終會贏得一個美麗的人生。

52、換一個角度試試，問題就會變成機會

◎ 換個態度，既使沒辦法改變一些事情，但也可以改變我們的心情。
◎ 換一個角度，一樣的生活際遇裏，會有截然不同的人生。

有個寓言故事：某天，上帝安排一個人，讓他牽一隻蝸牛去散步，蝸牛慢吞吞的腳步讓他煩死了。他因此心生埋怨，一路上數落著蝸牛。後來他聞到了花香、聽到蟲鳴鳥叫、看見了滿天星斗。他這才發現，上帝並不是叫他牽著一隻蝸牛散步，而是讓一隻蝸牛牽著他去散步。其實，人生就是一個「牽著蝸牛散步」的過程，一路上總有不開心的時候，關鍵是你如何去面對。更多的時候，我們不妨轉換一下角度，就會看到以前沒有看到的人生風景，發現以前沒有發現的人生答案。

人生是最值得珍惜的，給自己一個充足的時間和閒適的空間，靜下心來思考，

你會恍然發現，任何艱難困苦，任何坎坷不平，都可能變成最寶貴，最值得回味的人生財富。

人生是一個過程，人生的路上不僅有鮮花和掌聲，更多的則是辛酸的淚水，人生的路上到處隱藏著荊棘，煩惱、挫折時時會像夏天裏的雷雨，突然襲來令人猝不及防，甚至連喘息的機會都沒有。

然而，面對困難和失敗，我們或許會猶豫、無奈、舉棋不定，以及左右為難。但是只要我們懂得換個角度，看上述那些挫折和困境，就會體悟到人生的旅途上沒有一帆風順，任何人在生命的長卷中都會有幾處敗筆。失敗了，用淚水洗滌自己的人是懦者；而換一個角度看人生，將失敗當做生命之歌中一個不協調的音符的人，才是智者。

成熟的人應有的待人處事「溫度」

生活沒有過錯，就看我們如何去看待、去追求。誰能在不幸與災難中戰勝自我，誰便是主宰生活的強者；誰能從困境中換一個角度看待生活，誰便能贏得燦爛的明天。

傳說古時候有一個國王，巡察期間走路磨破了腳，便下令在所有的路上鋪設柔軟的牛皮，而這愚蠢的命令使大臣們十分為難。幸好一個聰明人獻策：用兩小片牛皮裹住國王的腳丫……於是皮鞋誕生了。

有一個嫁出的女兒跟丈夫吵架，賭氣跑回了娘家。父親在一張白紙上點了個黑點，問她看到了什麼，她說是黑點，像螞蟻、像芝麻。

父親回說：「妳為什麼只看到這黑點，而沒有看到這麼大的一張白紙呢？」這個父親想告訴女兒的是，不要只看到目前跟丈夫吵架的丁點大的事，而沒看到這件事以外一大片可以讓他們幸福的事……

雖然說用牛皮裹腳與牛皮鋪路得到的效果差不多，但做起來卻有著天壤之別的難易；白紙上的黑點小得微不足道，但如果只盯著它，就會一葉障目，不見森林，影響對事物的正確判斷。

許多時候，你剛剛放下煩惱又必須接過濃愁；許多時候，你的生活被失望和沮喪填滿；許多時候……無數的「許多」在干擾、影響我們的生活，也成為我們生活的一部分。

然而，生活往往就是這樣，總是與我們的夢想背道而馳，而生活不是簡單的一日三餐，也不是一團解不開的痲，只要懂得換一個角度，你將看到世界並非一潭沉寂的水，因目光不可及的遠方，還有無數未開墾的綠洲。

人生不如意十有八九，苦難和悲愁是絢麗人生的重要組成部分，是磨練人生的熔爐，而悲觀和沮喪，為成熟理智的人所摒棄。即使生活一次又一次挫傷我們的銳氣，信念不應低下倔強的頭；即使命運對我們很不公正，熱情卻從未淡漠。我們堅信，只要懂得換個角度看得失，那麼「失去」也是一種收穫。

在工作上遇見難以克服的關卡，該怎麼辦呢？

一、確實，前方不可能都是妙不可言的美景，有時也會出現意想不到的風霜苦雨。

二、此時，換一個角度將磨難當作是磨練，你會發現天外的嚴冬，不但飄著悠悠的白雲，白雲深處還有良辰美景，美不勝收。

53、懂得放棄，你才會有更好選擇的機會

◎懂得放棄是人生的大智慧，適時地放棄是自知與明智的美麗結晶。
◎放棄是為了更好地擁有，放棄是一種超脫，是一種氣度，更是一種境界。

人生的道路上有成功，也有失敗；有得到的，也有失去的。因此在面對人生的十字路口時，我們應該學會「放棄」。

一個人活著，一定會有很多責任與慾望，所有這些責任與慾望要是拿掉了，人生就自然能夠變得輕鬆自在，但老是背著它們，最終有可能會累死在路上。

很久以前，一個人越來越感到生活的沉重、壓力，眼看無力支撐，只得去請教智者。智者把他帶到一條五彩石頭鋪成的小徑，然後交給他一個背簍，要他順著小徑一路走下去，把認為喜歡的石頭都撿進背簍裏。

這人依言而行，他把自己喜歡的彩石一一撿進背簍去……漸漸地，背簍裏的石頭越撿越多，雙肩越來越沉，後來終於支持不住，一跤跌坐在地上。

智者見狀，又吩咐他：「從現在起，你把最喜歡的石頭留下，其餘的統統扔掉，再往前走試試。」這樣一來，他頓時感到非常輕鬆，很快抵達了盡頭。

人的一生曲折而漫長，面臨的事很多很多，但我們不能把一切都背負在身上。在取得的同時，我們還需懂得有所放棄，這樣你在生活之路上，才會獲得輕鬆、愉悅的心情。

有這樣一句非常經典的話：「當你緊握雙手，裏面什麼也沒有，當你打開雙手，世界就在你手中。」很多時候我們都應該懂得捨棄，生活中魚和熊掌都能兼得的時候很少，每一次放棄，都是為了下一次能夠得到更多的回報。

成熟的人應有的待人處事「溫度」

緊握雙手，肯定是什麼也沒有，打開雙手，至少還有希望。人生，正因為不懂得捨棄才會有許多痛苦。當自己有了「捨棄」的智慧時，生命就會豁然開朗。

有這麼一個故事：有一個部落，捕猴的方法甚是獨特。首先，做一個如鳥籠一般的籠子，木條與木條之間的縫隙，剛好能讓猴子的手伸得進去，籠中放置了很多桃子，然後找一個空地將籠子牢牢地固定住。

負責捕獵的人們在其周圍埋伏好之後，手持大鼓。一旦等猴子伸進手，向籠內拿桃子的時候，埋伏的人立刻擂起鼓，頓時鼓聲震天，人們群起而圍之，受驚的猴子束手就擒。

其原因是什麼呢？因為猴子抓住桃子而不放鬆，因而使得自己的手不能夠從籠裏面抽出，所以也只好任人處置了。

生活中的人們是不是在某些時候，也像這隻抓住桃子而不願鬆手的「猴子」一樣呢？

當我們苛求完美的時候，當我們被物慾橫流的社會搞得紙醉金迷的時候，當我們精疲力竭追求一個不實際目標的時候，上面的這個故事就能夠給我們一些這方面的啟示。

人的一生實在是有太多的誘惑，不懂放棄就只能在誘惑的漩渦之中喪生自己的生命；人生也有著很多欲求的東西，不懂放棄就只能任欲求牽著鼻子走；人生有太多無奈，不懂放棄就只能與憂愁無奈永久相伴在一起。

該放棄的就放棄，連生存都無法保證，堅持是無任何意義的。要知道，堅持固然重要，但也不要過於盲目的執著。如果選準目標就要鍥而不捨，如果目標不正確，或主觀條件不允許，與其蹉跎歲月，倒不如學會放棄，這樣你的人生才有可能「柳暗花明」。

因為，放棄其實是為了更好地得到，只有放棄了才能再做新的，才會有機會獲得成功。拿得起，就應該放得下；反過來，放得下才能拿得起。荒漠中的行者知道什麼情況下，必須扔掉過重的包袱，以減輕負擔保存體力，努力走出困境。

古人云：「魚和熊掌，不可兼得。」如果放棄魚，你可以得到熊掌；如果你放棄熊掌，你可得到魚；但如果執意兩者兼得，到頭來可能一樣也得不到。

為什麼我們要學會「放棄」？

一、因為，勇於放棄的人是精明的人，樂於放棄的人是聰明的人，善於放棄的人是高明的人。倘若蝌蚪總是炫耀自己的尾巴而捨不得放棄，那牠將始終長不成自由跳躍的青蛙。

二、學會放棄吧，放棄失落帶來的痛楚，放棄屈辱留下的仇恨，放棄對權力的角逐，放棄對金錢的貪慾，放棄對虛名的爭奪，放棄曾經的各種煩惱和內心的糾纏。

54、有所失，才會有「有所得」的空間

◎ 沒有放棄就沒有獲得，得到的同時，必然也會失去，失去的背後，隨之而來的就是獲得。

◎ 放棄是智者面對生活的明智選擇，只有懂得何時放棄的人，才會事事如魚得水。

有的人說：「我實在堅持不住了，怎麼辦呢？」其實方法非常簡單，把腿放下來不就行了嗎？生活中的人們總是「單腿立地」的，正因為這樣的一種姿勢，而使自己處於一種無法自拔的地步。

生活原本是非常簡單的，學會捨棄自己不特別需要、對人生益處不大的東西，學會放下你的「另一條腿」，保持一顆簡單與明朗的心，你會發覺到，人其實在奔跑當中也可以很沉穩。

有個故事大意是說，有一隻倒楣的狐狸被獵人用套子套住了一條腿，牠毫不猶

豫地咬斷了那條腿，然後逃命。

放棄一條腿而保全了一條生命，這是狐狸的學問。人生亦當如此，當生活強迫我們付出慘痛代價以前，放棄局部的利益，保全整體的利益是明智的選擇。

然而，放棄與獲得是一對矛盾的統一體。沒有放棄就沒有獲得，得到的同時必然也會失去。很多聰明人明白這一道理，從不患得患失，更沒有過多慾望，他們敢於放棄，所以無論做什麼都能獲得成功。

成熟的人應有的待人處事「溫度」

智者曰：「兩弊相衡取其輕，兩利相權取其重。」趨利避害，這是「放棄」背後真正的涵義。

春秋時期，越國的范蠡輔佐勾踐二十多年，最後打敗吳國成就了霸業，後來范蠡因故棄政從商，創下數千萬產業，在歷史上被稱為陶朱公。

但是，范蠡的三個兒子卻不行，特別是大兒子，對任何事情總是斤斤計較，什麼都捨不得。

在范蠡成為陶朱公時，二兒子在楚國犯下了殺人大罪。范蠡便準備了一馬車金銀財寶，要小兒子去楚國救他的哥哥，大兒子卻鬧脾氣說，不讓他去楚國救大弟，他就要自殺。

范蠡迫不得已，也只好讓大兒子去。要他去楚國找自己的老朋友莊生，他對大兒子說：「你去後，就把這所有的金銀財寶給莊生，一切聽他的安排。」

大兒子到了楚國，看到莊生家裏一貧如洗，心裏不以為然，但他還是按照父親的意思，把那些金銀財寶給了莊生，莊生說：「你快回去，千萬不可留在楚國！你的弟弟被釋放以後，也不要問什麼原因。」

但大兒子卻在楚國住了下來，還把自己私自帶去的錢財拿出來，找楚國的權貴們幫忙救大弟。

雖然莊生非常貧窮，但廉潔耿直，在楚國是非常有名望的，連楚王都把他當做老師看待。他指著那車財物對老婆說：「這都是陶朱公的財物，事情辦好後，再送還給他。」一說完這些話之後，就去見楚王，要楚王以德治國，消除天災。楚王當即下令大赦天下。這時范蠡的大兒子聽說楚王大赦天下，其弟弟出獄是理所當然的，而並非莊生出力，於是就又去見莊生。

莊生十分吃驚地問說：「你為何到如今還沒有離去呢？」

大兒子沒有回答莊生的問題，卻反問說：「剛才聽說楚王大赦天下，我弟弟運氣好，正好趕上……因此，特來向您辭行。」

莊生明白了他的意思說：「你帶來的財物在那裡，拿走吧！」大兒子便真的把那一車金銀財寶帶走了。

莊生受了羞辱，立刻又去見楚王，說：「我聽說陶朱公的二兒子殺了人被囚禁在楚國，他家裏人帶了很多錢財來賄賂您的手下，讓百姓們認為您這次大赦天下，完全是因為陶朱公這個兒子的原因……」楚王便大怒起來，立即下令殺掉了范蠡的二兒子。

我們從這裡明確地看到，范蠡大兒子又想救弟弟，又捨不得那一車金銀財寶，結果葬送了自己弟弟的性命，這也正是不懂得放棄造成的嚴重後果。

在現實生活中，喜歡釣魚的人都明白，想要釣到大一點的魚，就必須用香甜可口的食物做魚餌，人們要想在某些方面獲得成功，就必須在其他方面有所犧牲和放棄，因為，想要「有所得」之前，就必須要「有所失」。

真正的「放棄」是什麼？

一、放棄是一種睿智，它可以還原本性，使你真實地享受人生，沒有明智地放棄，就沒有明確的選擇。

二、「放棄」絕不是毫無主見，隨波逐流，更不是知難而退，而是一種尋求主動，積極進取的人生態度。

55、做人糊塗一點，人際關係就會好一點

◎想輕鬆過生活，就不要過於精打細算，因為，斤斤計較還不如隨遇而安。
◎一個聰明人不會患得患失，也不會困在雞毛蒜皮的小事之中，無法自拔。

把功利當做人際關係中的目標，把精明當做人生的座標，就會過得很累。有時候，人是需要糊塗一點的。

那些太過於精明的人，的確過得非常的累，因他們時刻都算計著別人，想著佔別人的便宜，但與此同時別人也有很可能在算計他，所以，他必須做到處處提防，時時警惕，小心翼翼，提心吊膽地過日子。

有時候，別人很隨意所說的一句話，也許什麼目的也沒有，但過於精明者就會在心裏細細琢磨，生怕別人有什麼謀畫，使自己吃虧。如此，他在處理人際關係

上，就難免顯的不誠實，不大方，甚至很做作。

在宋朝時候，李士衡在館閣任職，有一次出使高麗，一名武將擔任副使。高麗方面贈送了禮品財物，李士衡並不在意，只是把它交給副使打理。

在回去的路上，船底出現隙縫漏水，「精明」的副使把李士衡得到的絲綢細絹墊放在船底，然後放上自己的東西以免弄潮。船到大海之中，風浪洶湧，船又太重，船員要求把裝載的東西全部扔悼，否則船翻人亡。

副使慌張之餘，就急急地把船上的東西拋入大海。大約東西丟了一半，風浪平息，航船穩定了。過後副使檢查了一下，發現丟掉的都是原本擺在上面的自己財物，而李士衡放在船底的物品，只是受了點潮而已。

精明的副使在精明過後，吃了一次大虧……可見，人生真的不可太過於精明。

成熟的人應有的待人處事「溫度」

處處過於精明，甚至在人際關係中也玩這一套，就會顯得失當。這樣的人，也就很難與別人搞好人際關係，也很難討人喜歡。

一個人如果想要把自己的日子過的好一點，單靠東撈一點，西佔一點，靠算計別人是徒勞的。

然而，大多數人在現實生活中，並非真的糊里糊塗過日子，而是不想為過於精明所累。

出生於清康乾年間鄭板橋為官清廉，勤政為民。他當了十二年的縣令，因為民請賑得罪上司，看破官場，帶著悲憤而辭職還鄉，以賣畫來維持自己的生活。

然而，後人對於鄭板橋的為人為官之事，知之不多，但他所說的「難得糊塗」四字卻廣為流傳，而「難得糊塗」是什麼意思，可謂之眾說紛紜。

有人說這是一句反話，是鄭板橋因為做人為官太過於認真吃了虧，故發此牢騷；有人說鄭板橋是在倡導糊塗，認為做人做事不要太認真，要有幾分糊塗，有「水至清則無魚，人至察則無徒」之意，甚至有人說這是鄭板橋自詡聰明的一句俏皮話，意即太聰明了，想要糊塗都很難。

從一般的意義上來說，糊塗是一個貶義詞，糊塗並非是好事。鄭板橋是個神志清醒、思維正常的人，為何會出此言？想必一定有其自身的道理。然而，用康熙皇帝告誡重臣李光地的話來做引子，就很有可能助於我們解讀此言。

康熙說：「李光地呀！李光地，該糊塗時，你不糊塗，不該糊塗時，你一塌糊塗！」此言是在李光地狀告太子和宰相任用親信心懷不軌未被採信，反被打入大牢，到了後來康熙再次起用李光地的時候，所說的話。

糊塗處世是一種精神狀態，同時還是一種思想狀態，對於糊塗也有真與假的分別。

「真糊塗」是在對事物的認知上出現了錯誤，從而導致行為上的錯誤，致使自己表現出了糊塗。

「假糊塗」是在對事物的認知上沒有出現錯誤，而在行為上引入了策略性與靈活性，以及權宜性，表現出「裝糊塗」的行為。

可見糊塗大有學問，這學問盡在一個「該」字之中，什麼時候應該糊塗，什麼情況下不應該糊塗，而在該糊塗的時候裝糊塗一點，往往會讓自己的人際關係好一點。

「假糊塗」的兩種表現。

一、假糊塗有時表現的是一種寬容和大度、聰明和智慧，是對真理相對性和人性弱點的認同，是大智若愚，是大事講原則，小事講風格。

二、假糊塗有時表現出的是一種自私和奸猾，遷就和無奈，是人性弱點的自然表現，是明哲保身、是「濫好人」。

56、懂得裝糊塗，才是聰明人應該做的事

◎ 人生在世，首先要給自己一個準確的定位，然後再用「糊塗」的心態來面對這個定位。

◎ 如果能以一顆「糊塗心」去對待得失，一切都會變得很美好。

為人處世，是精明一點好，還是糊塗一點好呢？不同類型的人都有各自不同的處世態度。

不過在實際生活當中，「精明」是多數人所努力地追求的，而「糊塗」是多數人所力圖避免的。

所以到最後就經常會出現因為追求精明，因而「弄巧成拙」的尷尬局面，既然弄巧反而成拙，還不如當初適當地糊塗一些。

漢宣帝曾是武帝的曾孫子，小時候因為受衛太子劉據巫蠱案的牽連，而被關在

長安監獄裏。當時丙吉正好負責審理這個案子，知道有隱情，因此，對皇曾孫特別的用心照顧。漢武帝生病的時候，聽方士說，長安監獄裏有天子氣，因此便下令把監獄裏的犯人都處死，當然也包括皇曾孫。

使者們在夜間就到了監獄，被丙吉擋在門外。他說，無辜的人尚且不應該被殺，何況皇曾孫呢？僵持到天亮，使者沒有辦法，回去向武帝覆命。武帝此時已過了心血來潮那股勁，而且，聽說是丙吉阻攔，也就不再追究。

宣帝即位後，不知道宰相丙吉曾經救過自己的性命。

後來有一個宮女，把這事講了出去，宣帝這才知道丙吉對自己有如此大的恩德……因此，歷史上評價丙吉，說他「為人深厚，不伐善」。其實質上也就是甘當「無名英雄」，而不炫耀自身所獲得的功勞。

因為，丙吉是憑藉自身的努力，當上宰相的，他沒有必要再向宣帝「邀寵」，即便是宣帝知道了此事，丙吉就會得到更大的榮耀嗎？恐怕未必，在皇宮裏，勾心鬥角已成自然，樹越大，風就會越來，這是精明人都知道的規律。

因此，丙吉寧可裝糊塗……然而，事實證明，丙吉的「糊塗」，實為上策。

成熟的人應有的待人處事「溫度」

「精明的人」兢兢業業，苦心算計，患得患失。回頭一看，自己已經付出了那麼多，還不如常人所獲得的，於是哀嘆命運不濟，天道不公，卻不知「塞翁失馬，焉知非福」。

古代歷史上有一句非常著名的成語，叫做「蕭規曹隨」，說的是西漢時的宰相蕭何與曹參的故事，也就是蕭何制定規章，曹參遵行不改，而曹參正是一位糊塗的賢相。

曹參本來是沛縣裏的一名小吏，跟隨著劉邦共同起家，是一位十分勇猛的將士。曹參與蕭何本來關係很好，但是蕭何當上了相國之後，兩人產生了隔閡。

可是蕭何臨死，偏偏推薦曹參接替相國，曹參當了相國，找了一些老實厚道的人當下屬，把原來那些精明幹練之徒全趕走，然後就「日夜飲醇酒」什麼也不幹了。別的大臣看他太不務正業了，想勸勸他，他不等人家開口，就強拉人家一起喝酒。

惠帝看他這副樣子，也很不理解。但曹參是高帝時的功臣，又不好直接說他，於是就把他的兒子找來，讓他回去問父親……

兒子回去問曹參，卻被曹參打了二百鞭子，曹參發怒說：「國家大事沒你說話的份！」惠帝沒有辦法，只好向曹參說，是我讓你兒子問的。

曹參這才免冠謝過，問惠帝：「陛下自己覺得您比高帝如何呢？」惠帝說：「哪兒敢比呢？」曹參又問：「那麼您看我比蕭何怎麼樣？」惠帝說：「您似乎一點也比不上。」

曹參在這時便說道：「陛下之言是也，況且先帝已與蕭何定天下，法令既明，今陛下垂拱，參等守職，遵而勿失，不亦可乎？」

當宰相的只知道日飲醇酒不理政務，不能不說是一種糊塗，但知道自己本來就是塊糊塗料，索性於糊塗之中而求大治，又不能不說是一種過人的智慧。

所以，做人學糊塗點好，要學會給自己留下餘地。正所謂「大智若愚」，這是一種每個人都應該追求的人生境界。

做人為何不能太精明？

一、「精明的人」往往以自己的強勢，在團體中脫穎而出，卻因破壞了團體的平衡，而遭來嫉恨。

二、「若愚的人」則在團體中處處體現出弱勢，得到團體的同情和幫助。

國家圖書館出版品預行編目資料

做人不要過度,待人才會有溫度 / 馮子雲著. -- 初版. -- 臺北市 : 種籽文化, 2019.03

面 ； 公分

ISBN 978-986-97207-1-7(平裝)

1.修身 2.生活指導

192.1 108002507

小草系列 22

做人不要「過度」，待人才會有「溫度」

作者／馮子雲
發行人／鍾文宏
編輯／ 種籽編輯部
美編／陳子文
行政／陳金枝

出版者／種籽文化事業有限公司
出版登記／行政院新聞局局版北市業字第1449號
發行部／台北市虎林街46巷35號 1 樓
電話／02-27685812-3傳真／02-27685811
e-mail／seed3@ms47.hinet.net

印刷／久裕印刷事業股份有限公司
製版／全印排版科技股份有限公司
總經銷／知遠文化事業有限公司
住址／新北市深坑區北深路3段155巷25號5樓
電話／02-26648800傳真／02-26640490
網址：http://www.booknews.com.tw(博訊書網)

出版日期／2019年03月 初版一刷
郵政劃撥／19221780戶名：種籽文化事業有限公司
◎劃撥金額900(含)元以上者，郵資免費。
◎劃撥金額900元以下者，若訂購一本請外加郵資60元；
劃撥二本以上，請外加80元

定價：280元

種籽文化

種籽文化